U0609772

群星
GREAT
TALENTS

罗澍伟 主编

阅读天津
HOW TO READ TIANJIN

曹禺

杨一丹 李扬 著

天津出版传媒集团
百花文艺出版社

图书在版编目（CIP）数据

曹禺：雷雨涤旧世 / 杨一丹，李扬著 . -- 天津：
百花文艺出版社，2024.1
（阅读天津 / 罗澍伟主编 . 群星）
ISBN 978-7-5306-8486-3

Ⅰ . ①曹… Ⅱ . ①杨… ②李… Ⅲ . ①曹禺（1910-
1996）- 传记 Ⅳ . ① K825.6

中国国家版本馆 CIP 数据核字 (2023) 第 233531 号

曹禺：雷雨涤旧世
CAO YU: LEIYU DI JIUSHI

出　　版　百花文艺出版社
出 版 人　薛印胜
地　　址　天津市和平区西康路 35 号
邮购电话　（022）23332478

策　　划　纪秀荣　汪惠仁　刘　洁
责任编辑　李　莹
装帧设计　世纪坐标　明轩文化
美术编辑　丁莘苡　汤　磊

印　　刷　天津海顺印业包装有限公司
经　　销　新华书店
开　　本　787 毫米×1092 毫米　1/32
印　　张　5.5
字　　数　78 千字
版次印次　2024 年 1 月第 1 版　2024 年 1 月第 1 次印刷
定　　价　45.00 元

版权所有　侵权必究

"阅读天津（第二辑）·群星"编委会

主　任　李旭炎　张宁宁

副主任　班　峰

成　员　罗澍伟　谭汝为　王振良

　　　　李天顺　刘　庆　黄　沛

　　　　薛印胜　汪惠仁　任　洁

　　　　杨　舒　王轶冰　赵子源

HOW TO READ TIANJIN

GREAT TALENTS

主编的话

罗澍伟

　　天津，群星璀璨，人才辈出，他们用炽热的生命，书写了这座城市的骄傲与自豪。

　　天津是中国北方最早和最大的沿海开放城市，惟其"早"，在中西文明的碰撞中，引领了潮流和时尚；惟其"大"，海河五大支流在此汇聚入海，滋养了这片培育精英的沃土。百余年来，这里涌现了一批打破时空维度，精神属于中国、才华属于世界的大师级人物。

　　"阅读天津"系列口袋书第二辑"群星"，恰似一幅近代天津历史与文化的人物画卷，读者可以从哲学、译学、新闻、实业、科学、文学、艺术等不同视角，品读这

HOW TO READ GREAT TIANJIN GREAT TALENTS

座城市，其中包括：

被赞为"中国西学第一者"的维新思想家严复，被誉为"世界第一之博学家"、著等身的梁启超，"为酬素志育英才"的教育家张伯苓，"二十文章惊海内"的弘一法师李叔同，"化私为公"的实业家、藏书家周叔弢，"学识以强国、仁爱以育后"的化学家杨石先，一代话剧宗师、中国话剧奠基人曹禺，为数学研究鞠躬尽瘁的"整体微分几何之父"陈省身，"荷花淀派"创始人、"风格的作家"孙犁，"江湖笑面写传奇"的相声表演艺术家马三立。

纵观他们的一生，有家国的高度，有民族的厚度，有地域的广度。他们把巅峰岁月中的生命磨砺之美，无保留地献给了天津。他们为实现中华民族伟大复兴做出奉献，担当诠释大义。他们活出了自己的精彩，且能够跨越时代，触动今人的心灵。他们的精神，穿透城市的晨雾与暮霭，有了他们，这座城市才有了完整的生命。

如今，时过境迁，斯人已去，但他们从未隐入历史的烟尘。他们在天津亲历了近现代中国的历史进程，奏响了人生的跌宕音符与彩华章。他们的生命，早已融入天津的血脉，成为这座历史文化名城百年成长的标志与象征。

他们的人生，也留下了许多值得回味、令人深思的启迪：对一个人来说，重要的不是生命的长度，而是留在他人心目中的高度。

每个人都有灵性，每个人的生命之旅都是一个不断发现的过程，也是不断觉醒的过程。每个人的身上都蕴藏着改变的力量，才能不只是激情与灵感的乍现。大凡找到人生意义的，都是英雄。最好的人生态度，就是发自心灵深处、对社会与生命的感悟；在追索人生深度的同时，找到属于自己的位置——既收获了奋斗的历程，又体验了人生的意义。

天津过往有无数"风流人物"，要使珍藏在时光里的历史切片一一再现，几乎是不可能的。"便将万管玲珑笔，难写瞿塘两岸山。"

在新的历史起点上，让我们奋力追赶历史上的"群星"吧！用辽阔天空的想象力、迎难而上的践行力，拥抱更高更远的未来，为实现中华民族伟大复兴不懈奋斗！

（主编系著名历史文化学者、天津市社会科学院研究员、天津市文史研究馆馆员）

HOW TO READ TIANJIN

GREAT TALENTS

天津，曹禺的戏剧原乡

　　曹禺是戏剧之子，海河之子，天津之子。曹禺1910年出生于天津，在天津这座充满戏剧氛围的五光十色的大都会中，他从热爱戏剧的懵懂孩童，成长为蜚声全国的南开新剧团天才演员，最终成为一代戏剧大师、一座中国现代戏剧史上绕不开的最高峰。

　　曹禺是中国现代话剧的奠基人，也让中国现代话剧"出道即巅峰"。他在南开中学开始了他的戏剧之路，他的戏剧里有南开求学时期看到的其人其事，也有启蒙导师张彭春和母校现实主义戏剧教育带给他的所思所想。曹禺的戏剧传承着他南开新剧团的学长周恩来以戏剧"重整河山，复兴祖国""开民智，进民德"的理想，因此他的戏剧是现实主义的。但曹禺的戏剧更是诗性的，他所关注的不仅仅是具体的人，更是生命的内在维度和作为整体的"复杂多变的人生深沉理解"，达到对现实生活更深邃的诗性哲学概括。曹禺的复杂、深邃和悲悯，为中国话剧艺术开辟了一条兼具现实性和现代性审美张力的发展路径。

曹禺的剧作至今依然是中国乃至世界话剧舞台上最活跃的经典之一，不断上演、复排，却仍常演常新，感人至深。究其原因，曹禺对于人性维度的开掘、对于人的存在处境和存在价值的深度叩问，使得其剧作能够超越特定的时代和具体的矛盾，穿越进现实和当下，获得进入每一个人生命体验的可能性。历久弥新，这就是文学经典的意义。

天津的海河和小洋楼构成的童年记忆，终其一生始终深刻地影响着曹禺的创作个性和文学想象。此后，无论离乡千里万里，他对精神原乡的魂牵梦萦始终未曾停止。无论是《雷雨》中以"万公馆"为中心的童年记忆，《日出》中呈现的天津城市底层浮华与腐朽并存，还是1917年海河流域那场大洪水留在《原野》中挥之不去的悲剧意识和诗性精神，曹禺在这里获得了一双能够深刻洞察人生奥秘和人性困境的眼睛，用戏剧表现人性，用诗性抚慰人生……

对曹禺而言，旧时代的天津仿佛一

个瑰丽而苦闷的梦。曹禺作品中的悲悯情怀和诗性精神都能够在他从天津度过的少年时代中找到影子。从弗洛伊德关于"童年创伤"的理论来看，曹禺的文学与戏剧终其一生都在书写其少年时代的苦闷，并试图与之和解。曹禺的可贵之处在于，他并非用书写强化苦闷，而是用戏剧治愈人生。他的精神原乡天津在他的笔下成为更瑰丽的梦，一个关于"日出"的梦，一个关于"黄金子铺地的地方"的梦……天津成就了曹禺，戏剧治愈了童年。那么，就让我们随着笔者，进入曹禺的天津，了解天津的曹禺。

杨一丹　李扬

2023年11月

目录
CONTENTS

01

漫步天津卫
聆听时光的故事

天津，一座漫步其中仿佛置身时光隧道的城市，一不小心，便与历史撞了个满怀。坐落于海河之滨的意式风情区，完整地保留着一百余座欧式风情建筑，高低错落的圆拱和廊柱，哥特、罗马和巴洛克风格的一步一换，都静静地诉说着百年的风云变幻和历史的沧海桑田……

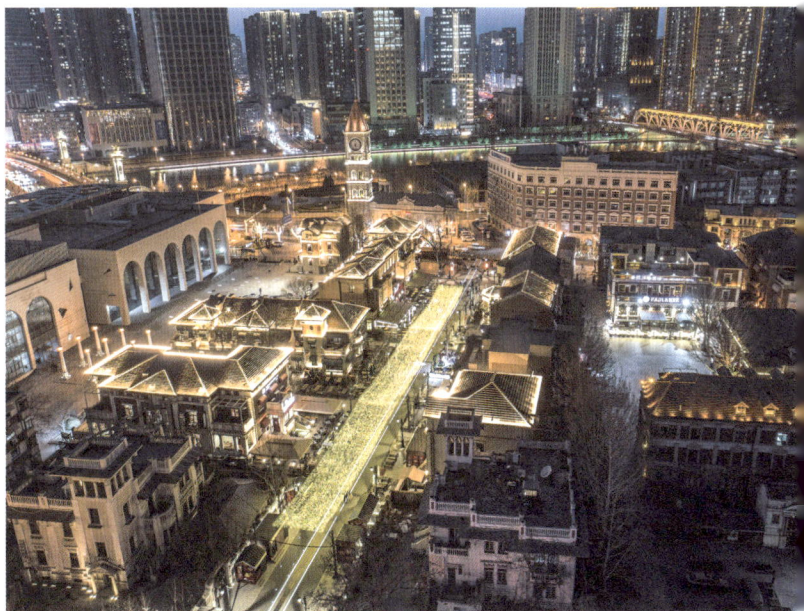

今日意式风情区　天津市河北区委宣传部供图

历史与文化赋予了天津独有的风格和气质，而意式风情区中的每一座小洋楼都是一段传奇的历史。1902年，意大利驻华公使与天津海关道唐绍仪签署了《天津意国租界章程合同》，规定了海河以北，京山铁路以南，东、西分别与俄、奥两国租界接壤的771亩（约0.51平方千米）土地为意大利租界区（以下简称意租界）。清末天津被各国瓜分的遭遇，在她的城市气质中留下了隐忍、坚强的痕迹，也让这座城市的文化更加广博与包容。

意式风情区民主道7、9号（原23、25号）的两栋小楼，始建于民国初年，前楼是典型意式风格，后楼是中西合璧的风格。后楼整体保留着仅用砂浆勾勒的清水墙，青砖白缝，古朴典雅。经历了一个世纪的洗礼，这两栋小楼静静诉说着它所见证的戏剧大师曹禺的少年时光，诉说着天津独特的历史、文化所给予这位戏剧天才的无限滋养——这两栋小楼里，既承载着曹禺少年时代"雷雨"般的苦闷，也承载着其对"日出"的渴望和苦苦追寻。

而今，这两栋小洋楼已经修整为曹禺故居纪念馆，于2010年5月对外免费开放。前楼作为展厅，后楼则最大限度地复原了少年曹禺在此生活时的场景，置身其中，仿佛能够触摸到历史的脉搏。一进门左手边的小客厅，便是少年曹禺阅读《红楼梦》等古典文学作品和易卜生作品的地方，

曹禺故居纪念馆

也是他戏剧创作的起点。在靠近门前的书桌边，你仿佛能
感受到一个苦闷孤寂的少年正在往复压抑地踱步；在仄仄
发响的楼梯上，你仿佛能看到《雷雨》中的繁漪正一步步
朝你走来……正如著名曹禺研究学者田本相概括的那样：
"（那座小楼）终日弥漫着的忧郁、伤感的环境，熔铸了
一个苦闷的灵魂，使他早早地就开始思索社会，思索人生，
思索灵魂。"

曹禺剧院

在曹禺故居旁边，新建了一座曹禺剧院，剧院内以曹禺的代表作"雷雨""日出""原野"命名了三个演出厅。随着这些经典剧目的经年演出，曹禺的精魂仿佛从未离开天津，这位海河之子、戏剧大师与天津丰厚的文化蕴藏相互成就——可以这样说，天津这座城市是成就曹禺戏剧的舞台，海河文化特有的内涵和气派氤氲成了曹禺的创作基因。那么，就让我们一起走进曹禺的天津，走进他那沾着海河水咸腥而清新味道的戏剧与人生舞台。

02

文学即人学
人生即舞台

"舞台是一座蕴藏无限魅惑的地方，它是地狱，是天堂。一场惊心动魄的成功的演出，是从苦恼到苦恼，经过地狱一般的折磨才出现的，据说进天堂是美德的报酬。天堂是永远的和谐与宁静。然而戏剧的天堂却比传说的天堂更高，更幸福。它永不宁静，它是滔滔的海浪，是熊熊的火焰，是不停地孕育万物的土地，是乱云堆起、变幻莫测的天空。只有看见了万象人生的苦和乐的人，才能在舞台上得到千变万化的永生。"

——曹禺

1910 年 9 月 24 日，曹禺降生在当时天津英租界的一座小楼，他的父亲万德尊给他起名为"万家宝"。一个阔绰优渥的家庭喜得麟儿，自然喜难自胜。然而欢乐的气氛还没有持续多久，就在万家宝出生的第三天，他的母亲薛氏就因为产褥热去世了。此后他的一生便如身处戏剧舞台般充满着跌宕起伏，饱含悲剧色彩——所谓人生即舞台，舞台即人生，概莫如是。

　　生母的早逝在万家宝的一生中烙下了不可磨灭的悲剧印记，也是其剧作充满悲剧意识的重要原因。1926 年，万家宝在发表小说《今宵酒醒何处》时第一次使用"曹禺"这一笔名，究其原因，竟是将其姓氏"万"（繁体作"萬"）上下拆为"草禺"。小说中满溢伤感沉沦的调子，而"拆"姓得笔名这一举动似乎一语成谶，预示了几乎伴随曹禺一生的破碎与感伤。

曹禺生母薛氏画像

关于曹禺的出生地，各种资料、说法并不完全一致，有资料记载其出生地为一座白色小楼，但据曹禺晚年回忆："我生在天津小白楼，是平房，哪个胡同记不清了，只记得是住在一个胡同口上。"而曹禺所指的小白楼并不一定是现在天津公认的小白楼地区。关于小白楼地名起源，学界普遍认为有四种来源，研究天津地名的谭汝为曾撰文对四种来源详细叙述：一是清代招商局总办徐润的祠堂，坐落在开封道与大沽路交口北侧，为白色中式两层楼房，人称小白楼；二是在开封道近海河处西侧有一白色教堂，俗称小白楼教堂，后衍化为地名；三是英租界当局为英兵修筑白色二层小楼作为娱乐处所，原址在大沽路和徐州道交会处鸿福饭庄对过，人称小白楼；四是十月革命后，一些白俄妇女流落天津，为生活她们开设了风月场所，因楼房门墙涂成白色，故称小白楼。谭汝为认为，上述四种说法涉及的白楼由于历史原因均难确考，但"小白楼"这个地名却得以闻名遐迩。而天津图书馆民国研究室王向峰考证，小白楼并不是在传说中的开封道与大沽路交口北侧，而是在这个位置的对面，即开封道与大沽路交口西南角。据著名曹禺研究学者田本相的考证，曹禺的出生地大概位于当时英租界内的小白楼附近，恰巧与现在公认的以天津音乐厅为中心的小白楼地区十分靠近。

曹禺作品中的悲剧意识、人物命运和精神气质都能够在他于天津度过的少年时代中找到影子。曹禺六岁那年发生了两件足以影响他一生心境与创作心态的事。一件是他从奶妈口中听到了一个天大的秘密："这个妈不是你的亲妈，你的亲妈生你三天便得病死去了。"天才大抵敏感多思，曹禺也不例外。那一天，奶妈和曹禺的继母发生了口角，两个人越吵越激烈，于是奶妈怒气冲冲地跑到曹禺面前，丢下了这句"晴天霹雳"！小小的曹禺此时却异常冷静，甚至如释重负——小曹禺突然明白了，他在此前总"无缘无故"感到的陌生和寂寥竟是真的——奶妈说出真相之前，他就已经隐隐感觉到自己不是眼前这妈生的，当感觉被证实后，"不知道为什么，我心里涌起无限的悲哀。自此，我常常陷于一种失去生母的孤独、寂寞和悲哀之中"[1]。曹禺曾经在不同场合说过，"我的家庭人口不多……我从小便失去了自己的母亲，心灵

---

[1] 田本相：《苦闷的灵魂——曹禺访谈录》，江苏教育出版社，2001年1月版，第84页。

上是十分孤单而寂寞的"。此外，与曹禺感情很深的姐姐万家瑛在他很小的时候便嫁到哈尔滨，不久她就因为儿子的夭折郁郁而终。虽然继母对曹禺很好，但少年失亲、顾影自怜的悲怆感也不可避免地成为曹禺的精神底色之一。

第二件大事便是曹禺的父亲万德尊购置了新的"万公馆"，即位于意租界二马路的那座二层小洋楼。这里在此后成为曹禺的"精神原乡"，不仅是现代戏剧高峰《雷雨》中"周公馆"的原型，也是曹禺中学时代创办的文学刊物《玄背》的发行部。在这座万公馆里，少年曹禺既见识过父亲出任民国大总统黎元洪秘书时的熙来攘往，也体会过父亲赋闲寓居的苦闷压抑，而这所有的人生体验都最终在曹禺的戏剧舞台上得以"千变万化的永生"。曹禺曾回忆说："我生长在一个曾经阔绰过后来又没落了的家庭，少爷们有自己的用人、自己的书房，住得相当舒服，但是闷得很，整个家庭都是郁闷的，每天都可以听到或者看到很多乱七八糟的事。像周朴园逼蘩漪吃药的那类事情从我的亲戚、朋友的口中经常可以听到。"

曹禺称自己拥有一个"苦闷的灵魂"，这样的认知终其一生也未曾改变。弗洛伊德认为，童年的创伤性记忆会始终存在于心里底层潜意识中，并通过幻想、变形的方式加以呈现。从这个意义上说，曹禺的文学与戏剧都是在书写其童年

曹禺父亲万德尊画像

曹禺继母薛咏南照片

时代的苦闷，并试图与之和解。文学即人学，曹禺的文学艺术世界便是围绕着"万公馆"这座精神原乡，围绕着其记忆中氤氲而复杂的父亲形象展开的。

万公馆时期，家庭的变故所带给曹禺的生活的教育是刻骨铭心的，而曹禺童年和少年时代的"苦闷"大抵来自他的父亲万德尊，他剧作中男性大家长的角色也多多少少可以见到其父亲的影子。对父亲，曹禺又是爱、又是恨、又是怜悯。他回忆中的父亲是个喜怒无常的人，"高兴了，你干什么都行，他不过问。不高兴了，就骂人，甚至打人，还经常发无名火气，搞得家人都摸不着头脑"①。然而父亲对小儿子曹禺却是最亲近，睡觉时总要背着、亲着他，即便在最落魄时，

① 田本相：《苦闷的灵魂——曹禺访谈录》，江苏教育出版社，2001年1月版，第81页。

也要想法子带曹禺去天津最好的浴池洗澡。但在曹禺记忆中，父亲对曹禺的大哥万家修却是极其粗暴甚至暴虐的，或许那也是"爱"，但却是恨铁不成钢的。因为万家修吸鸦片，父亲曾歇斯底里地将他的腿打断，也曾跪在他面前求他不要再吸。曹禺曾亲眼看到这一幕，这便是《北京人》中曾皓向吸食鸦片的儿子曾文清下跪的由来。

然而，如此痛恨鸦片的父亲却也在政治失意后开始沉溺于吸食鸦片。曹禺每每谈起父亲，便流露出显而易见的复杂情感："从早到晚，父亲和母亲在一起抽鸦片烟。到我上了中学，每天早晨去学校，下午四点回家时，父亲和母亲还在睡觉，傍晚才起床。每次我回到家里，整个楼房没有一点动静。其实家里人并不少，一个厨师，一个帮厨，一个拉洋车的，还有用人和保姆。但是，整个家沉静得像坟墓，十分可怕。我还记得，我的父亲常常在吃饭时骂厨师。有时，他一看菜不满意就把厨师喝来骂一通。有时，也不晓得为什么要骂人。我母亲说他，他就更抑制不住，大发脾气。真是个沉闷的家庭啊！"[1]曹禺对父亲的感情无疑是复杂的、充满怜悯的——万德尊不到四十岁便赋闲寓居，于是曹禺便借《北京人》中曾皓之口说出："明年春天我再外出奔走一下，再闯一次。"

---

[1]　曹禺：《我的生活和创作道路》，《戏剧论丛》，1980年第2期。

这是当年万德尊常对曹禺说的一句话。他也曾有无数次想要重新振奋精神谋求出路的想法，然而和曾皓一样，这句话不过是说说而已，直到去世，他的仕途也再无起色——或许，在没落的文明和没落的时代中，万德尊和曾皓都已经是将被时代淘汰的符号，他们再也无力去奋斗挣扎，只能不断地等待，直到那个时代消亡……

1928年除夕，第二次中风的万德尊终于撒手人寰，留下了和他这一代人一样迟暮的时代，以及被世间的冷漠恶意所裹挟的曹禺。随着父亲的故去，曹禺饱尝了人世间的冷漠——他跑去和父亲生前的同僚、友人报丧，那些人却避之不及、言不及义。"家庭破败是可怕的啊，人们的脸，一张张熟悉的脸，立即就变了，变得陌生起来了。家一败就完了，找谁谁都不管。我第一次尝到了世态炎凉的滋味，真是可怕啊！我记得鲁迅说过，有谁见过从小康堕入困顿的吗？由此，可看到世人的真面目。鲁迅先生的这种人生体验，我是深深地感受到了。父亲的死，的确给我带来深刻的心灵烙印！"[1]

父亲的去世使曹禺心中的苦闷又增添了新的块垒，"苦闷，无尽的苦闷"，这些苦闷随着年龄的增长不断增

---

[1] 田本相：《苦闷的灵魂——曹禺访谈录》，江苏教育出版社，2001年1月版，第120页。

加，随着深思不断蔓延，最终转化成了他对人类、对时代的悲悯，转化成了最有力的文字，敲击着时代的心灵，叩问着"天地间的残忍"……

万公馆中曹禺的童年生活也并非全无闪光的回忆，曹禺的继母和保姆段妈便是带给他温暖和快慰的人。曹禺的继母是他生母的孪生妹妹，虽然曹禺常常因生母早逝而感伤，但他内心却明白继母待他和姐姐是极疼爱的。继母酷爱看戏，曹禺仅三岁时，继母就常抱着他去戏院。近代天津是传统戏剧曲艺的聚宝地，更是东西方文化交融的窗口。在继母的熏陶下，曹禺接触了京剧、评剧、河北梆子、大鼓、评书、相声以及受到西方戏剧影响的文明戏，在其幼小的心灵中播下了戏剧的种子。正是天津独特的城市文化与艺术魅力成就了曹禺的文化基因，艺术的美妙不知不觉渗入了曹禺童稚的心灵，童年的曹禺便已经将家中的折子戏、《戏考》成本阅读和背诵，甚至能够唱出来。此时曹禺便已经显示出了他在戏剧方面浓厚的兴趣和惊人

的天分，每当沉浸在戏剧中，他的郁闷情绪
便一扫而光——

> 少年才气不可当，
> 双目炯炯使人狂，
> 相逢每欲加诸膝，
> 默祝他年姓字香。

这首曹禺八岁时袁克定的老师方地山（人称大
方先生）为曹禺作的《赠万少年》，便是充满
灵气、才气的"天才少年"曹禺的形象写照。

彼时天津的新剧和文明戏的演出已经十
分活跃。港埠和多国租界的历史背景使得西
方戏剧文化在天津颇为发达，许多西方商人
在冬季封港期以演剧作为消闲活动，也带动
了租界内中国人对演剧的追捧。文明戏脱胎
于清末的戏曲改良运动，在汪笑侬等清末京
剧艺人的倡导下，一些传统戏曲艺人突破戏
曲程式、减少唱腔、增加对白，使得更加贴
近现实、鞭辟时政的"时装新戏"应运而生，
与"旧戏"形成了鲜明对比；同时又因西方

戏剧文化的影响，当时的文明戏逐渐舍弃了锣鼓伴奏和唱念做打的艺术手段，采用化妆演讲的方式反映社会问题、进行革命动员。虽然有的文明戏还保留着戏曲的结构和场次安排，有定场诗、定场白和程式化动作，但整体上已经接近了现代话剧，可以被称为中国最早的话剧形式。[1]

从 1908 年起，中国早期新剧运动的领袖王钟声、刘艺舟就带领剧团来到北京、天津演出，在天津期间，曹禺居住的意租界正是其演出的主要场所所在地。他们与著名剧团玉成班合作，京剧、河北梆子、文明戏"三掺儿"，在玉成班班主、著名河北梆子演员田际云的精心安排下，京剧名角梅兰芳、杨小楼、尚和玉、孟小如、田雨农、王长林等与河北梆子演员轮流演前半场，后半场则由王钟声的剧团演大轴。他们演出的剧目大多是带有鲜明革命色彩和启蒙意义的新剧，如《爱国血》《血手印》《孽海花》《秋瑾》《徐锡麟》《新茶花》《张汶祥刺马》等。正如王钟声在从事新剧运动时一再强调的理念一样："中国要富强，必须革命；革命要靠宣传，宣传的办法，一是办报，二是改良戏剧。"早期文明戏在天津的演出，为此后天津现代话剧蓬勃发展并成为现代话剧艺术重镇，打下了坚实的基础。

---

[1] 参见陈白尘、董健主编：《中国现代戏剧史稿（1899—1949）》，中国戏剧出版社，2022 年 10 月第 2 版，第 3—10 页。

清代后期，占据着中国舞台艺术中心地位的是传统戏曲——京剧。但是随着列强入侵和中国沦为半殖民地半封建社会，人民群众特别是爱国知识分子开始对充满封建意识、程式固化的传统京剧不满，要求进行戏曲改良运动，提倡在内容上宣传新思想、反映开明生活，在形式上冲破戏曲固化程式的新式京剧，称为"新剧"。新剧代表人物便是清末京剧艺人汪笑侬等，他们在演出时身着时装，减少唱腔、增加对白，反映现实问题。这种表演与传统戏曲形成了鲜明对比，被称为"时装新戏"。

新剧孕育了此后出现的"文明戏"，又称"文明新戏"。除新剧外，文明戏的另一个源头是清末教会学校的学生演剧。他们受到西方戏剧的启发，将强烈的救国热情和开启民智的愿望融入演剧活动，放弃了京剧的程式和唱念做打。虽然学生演剧在当时被批评为"非驴非马"，处于一种过渡状态，但是在精神和形式上启发了此后的文明戏。

此后，在日本的中国留学生创办的春柳社正式将文明戏这种中国话剧的最早形式搬上了历史舞台。1907年，他们在日本东京演出了曾孝谷根据林纾、魏易的同名翻译小说改编的五幕剧《黑奴吁天录》，标志着文明戏的正式开端。随后，王钟声领导的春阳社在上海演出了《黑奴吁天录》，虽然也使用了京剧的锣鼓和皮黄腔等形式，但在演出形制、舞台布景、灯光、服装上都采用西方话剧的形式，标志着文明戏进入中国。1908年，由日本归国的任天知带着春柳社的演出经验，帮助王钟声和春阳社排演了《迦茵小传》，一扫京剧形式的痕迹，至此，文明戏在中国正式形成。

辛亥革命将文明戏的发展推向了高潮，王钟声、刘艺舟等将文明戏带到了京津一带，开拓了北方话剧基地，将话剧作为革命宣传的重要武器。虽然文明戏在早期发展过程中仍存在着杂用京剧表现形式、戏剧性不足等问题，但其解决了戏剧形式对反映现实生活和革命斗争的束缚，具备了话剧的要素，是中国戏剧向现代形式转变的重要一步。

文明戏的演出也给年少的曹禺留下了深刻印象，他回忆小时候看戏经历时说："中国观众十分善感，像言论正生演说过后观众那样热烈的欢迎，那种热烈鼓掌的情景；男女洒泪告别时，台下也有妇女一片呜咽，擦湿了手帕。可以说，观众和舞台演出打成一片，真叫交流！那些有本事的文明戏演员们，的确是有一套使当时的观众神魂颠倒的本领。"小小的曹禺不仅在继母的影响下接触了多种戏剧的新形式和新思想，有时竟也咿咿呀呀地学着剧中人物演起戏来。

可以这样说，童年时代的看戏经历已经让曹禺对戏剧深深痴迷，他更进一步萌生了成为演员的梦想。此后，曹禺考入南开中学，与他的恩师、中国戏剧教育的开拓者张彭春相遇，两个内涵丰富的灵魂激荡出耀眼的戏剧火花，谱写了中国戏剧史上浓墨重彩的一章，并结下了一段难舍的师生情缘。

言论正生：文明戏中的言论正生脱胎于京剧中的
"老生"，扮演的角色多为豪杰、义士或革命党人，
这些角色在台上发表慷慨激昂的演说，迎合了革命时
期群众的心理。言论正生最具代表性的人物就是进化
团的创始人任天知。类似的还有言论正旦、言论小生。
而演说在文明戏中占有重要地位。

03

中学时光
天才演员到戏剧大师

我应该感谢颖如，和我的友人巴金（谢谢他的友情，他在病中还替我细心的校对和改正），孝曾，靳以，他们督催着我，鼓励着我，使《雷雨》才有现在的模样。在日本的，我应该谢谢秋田雨雀先生，影山三郎君，和邢振铎君，靠了他们的热诚和努力，《雷雨》的日译本才能出现，展开一片新天地。

　　末了，我将这本戏献给我的导师张彭春先生，他是第一个启发我接近戏剧的人。

——曹禺《雷雨·序》

1922 年，十二岁的曹禺考入南开中学[1]，学名万家宝，从初中二年级插班读起。曹禺的南开时光，适逢一群热爱戏剧艺术、志同道合、意气相投的良师益友。在当时群英闪耀的南开园中，曹禺与众多伟大而充满才情的灵魂相遇——在这里，不仅有对中国近代历史产生重大影响的文化伟人梁启超，也有令曹禺高山仰止的南开新剧团的学长周恩来，更有此后成为曹禺一生挚友的靳以、孙毓棠、陆以循，以及为曹禺走上戏剧道路而呕心沥血的恩师张彭春。

南开中学，春风化雨

1898 年，清末翰林严范孙（名修，字范孙）辞官返乡、兴办新学，在天津老城西北角文昌宫以西的严氏宅邸兴办新式教育——"严氏家

---

[1] 南开中学的名称在历史上经历多次更迭，如"南开中学堂""南开学校"等，后期还增设了女中部、小学部等，本书为方便行文并将之与南开大学（1919 年正式开办）区分，故全书取曹禺读书时的常用称呼"南开中学"为此地统称，特此说明。

范孙楼奠基旧照 ①　南开大学党委宣传部供图

馆",聘请张伯苓主讲西学,这便是南开中学的前身。1904年,严范孙和张伯苓远赴日本考察现代教育,决心改变私塾教育模式,成立现代学堂,即私立敬业中学堂(后改名为私立第一中学堂),由张伯苓出任学监(即校长)。这不仅是张伯苓由私塾先生到中学堂校长的身份转变,也是中国教育现代化的一个里程碑。1907年,学校由严宅迁入在民间被称为"南开洼"的天津城区南部的开洼地,同年改名

---

① 1929年,严范孙因病逝世。为纪念其兴学之功,南开校友于同年集资兴建"范孙楼"。

为"南开中学堂"。1912年改称"南开学校"。

对曹禺来说，南开中学是春风化雨的摇篮，是让童年时代积累的懵懂的热爱戏剧的种子得以孕育、发芽以致枝繁叶茂的福地。在这里，他不仅结识了名闻津门的话剧编演者时趾周、伉翯如，还有才华横溢的演员张平群、李国琛、陆善忱等，当然还有他们话剧事业的引路人张彭春。曹禺入学的同一年，张彭春在美国哥伦比亚大学取得了哲学博士学位，回到天津，在其兄长张伯苓创办的南开大学任教。但机缘短暂，1923年张彭春又赴清华大学出任教授兼教务长，刚刚入校不久的曹禺无缘与其见面。直到1926年张彭春从清华又回到南开，担任南开大学教授、南开中学主任，并主持南开新剧团的工作时，曹禺才与之相遇。张彭春回归南开园，不仅再度振兴了曾经辉煌的南开新剧团，也在很大程度上决定了曹禺未来的人生之路。

当然，在与这位精神导师相遇之前，曹禺便已在为日后谱写现代话剧的华章进行精神启蒙和思想积淀。他如饥似渴地阅读现代文学作品，与新文化运动的旗手们进行隔空"对话"。1923年，鲁迅的第一部小说集《呐喊》一发行，曹禺便兴致勃勃地购得一本。鲁迅对封建社会和"国民性"的深刻批判，对中国思想启蒙何去何从的痛苦叩问，为曹禺的心灵打开了新的窗口，也深刻影响了他此后的创作。曹禺戏剧中对人的"存在性"和生存境遇的深刻思索似乎都不无鲁迅的影子，在中国现代文学史顶尖的巨匠"鲁、郭、茅、巴、老、曹"中，曹禺的精神气质和现代性品格可谓与鲁迅最为神似。曹禺在一次访谈中回忆说："我接受了新文学多方面的影响，影响最深的，恐怕要数鲁迅的作品了。鲁迅的作品我接触得最早，印象也最深刻。我在十一二岁就读了《呐喊》，这部小说是我的文学启蒙老师。"[1]

---

[1] 田本相：《苦闷的灵魂——曹禺访谈录》，江苏教育出版社，2001年1月版，第77页。

如果说鲁迅的作品给了曹禺反抗旧社会制度的最初启蒙，那么郭沫若激情澎湃的新文学创作便可以说给了曹禺如何改造社会的新视野。曹禺很关注郭沫若的新诗和其创办的《创造》等杂志，常常由这些文学作品产生一种"不知不觉地同情穷人"的情绪。"我相信这个社会制度必须粉碎……郭沫若的长诗《凤凰涅槃》写的就是捣毁旧社会、建立新制度。改革不会是平平静静的，而是爆炸性的。凤凰死去的时候迸发出火来，它自己被烧成灰烬，然后，一只新的凤凰冉冉升起。虽说那时候我对这首诗的理解并不透彻，但我知道应该捣毁什么。"①——曹禺这样评价郭沫若对自己的影响。或许，正是在阅读中积累的潜移默化的文学影响激发了曹禺对底层人民的关注和同情，又或许，早在他幼时看到父亲苛责下人而产生义愤时、

---

① 《戏剧家曹禺》，《人物》，1981 年第 4 期。

1917 年天津大水的老照片

早在他七八岁经历由于海河流域特大
洪水而造成遍地灾民的景象时，他的
悲天悯人之情就已经酝酿、流露、形
成。1917 年海河流域发生了特大洪
水，小曹禺记得，继母带他出门时，
遍地的灾民那痛苦而麻木的神情，其
中有瘦骨嶙峋的小孩，有衣衫褴褛的
老人，也有饿得躺在地上无助呻吟的
孕妇……到处都是穷人的窝棚，每到
半夜就能听到小孩子凄厉的惨叫。这
种景象任谁都难以释怀，更何况一个
七八岁的小孩子。这场大灾一直持续

到第二年都没有彻底好转，入冬后穷人的日子更加难过，冻饿而死的人越来越多，对曹禺心灵的冲击也愈发强烈。有一天，父亲万德尊把曹禺唤到身边教他作诗。父亲说："以你印象最深刻的场景为题作诗吧！"曹禺脱口而出："大雪纷纷下，穷人无所归……"父亲夸奖他说："不错，很有些见解。"曹禺在以后的戏剧创作中所展现的对底层人民的深刻共情和悲悯，在他的童年便可见端倪。

1917 年天津大水的老照片

"郁达夫先生来信了！"

除了鲁迅和郭沫若，曹禺还格外喜爱郁达夫的小说，他认为在自己接触的所有新文学中，"郁达夫的情调同我的忧郁的性情特别的接近，他的小说格外能引起我的共鸣。那时我对郁达夫的崇拜超过鲁迅，超过郭沫若"[1]。

相比于鲁迅和郭沫若，出生于 1896 年的郁达夫与曹禺的年龄和精神气质都更为接近，正如郁达夫所说："人生从十八九到二十余，总是要经过一个浪漫的抒情时代的，当这时候，就是不会说话的哑鸟，尚且要放开喉咙来歌唱，何况乎感情丰富的人类呢？"[2] 彼时的曹禺正是这样，自小的生活环境积累起的忧郁气质和青年时代特有的"忧郁病"让他对郁达夫的文学创作情有独钟。曹禺的第一部小说《今宵酒醒何处》便是模仿郁达夫《沉沦》的感伤情调，兼具"少年维特"般的爱情苦闷和弱国子民的苦痛彷徨。

《今宵酒醒何处》讲述了一对年轻人夏震与梅璇的爱情故事，其中深深地寄予了曹禺本人对爱情的向往与惆怅……经由这部小说，"曹禺"这一笔名横空出世，从此，中国现

---

[1] 田本相：《苦闷的灵魂——曹禺访谈录》，江苏教育出版社，2001 年 1 月版，第 113 页。

[2] 郁达夫：《〈沉沦〉，抒情时代的歌唱》，《郁达夫自传》，江苏文艺出版社，2012 年 1 月版，第 59 页。

代文学史再也绕不开这个伟大的名字。

1926年，曹禺与南开中学文学会的同学王希仁、姜希节等共同发起了一个新文学团体玄背社，创办了文学刊物《玄背》。该刊开始时作为天津《庸报》的副刊出版，《今宵酒醒何处》便发表于此。《玄背》甫一出刊，他们便写信给偶像郁达夫求教。这时的郁达夫正在广州教书、养病，同时也在支撑创造社刊物的出版工作。虽然郁达夫正值病中体弱、身心寂寥，但他很快回复了玄背社这群小青年写给自己的信，对玄背社给予了诸多鼓励，称赞《玄背》"清新纯正"，并在他当时所编辑的《创造月刊》中对《玄背》加以"广而告之"：

> 《玄背》，本来是京津间几个纯正的青年，以自费出版的刊物，现在附在天津庸报社印行，每星期发行一次，也可以单定。
>
> 承玄背社诸君寄赠我许多份数，嘱我与他们交换广告，然而我以为广告可以不必，现在还是让我来说一说它的内容。
>
> 执笔者都还是没有在社会上做事的青年，所以说话很痛快，做文章亦没有想利用什么，或取得什么的野心。我劝大家可以拿来一读，看看这一种青年诚挚的态度。
>
> （郁达夫《关于编辑、介绍以及私事等等》）

同时郁达夫还耐心细致地回复了玄背社的来信，在信中对当时的新文学文坛与创作风气进行了分析和批评。二十世纪二十年代的文坛思潮并立、新人辈出，在观点论争中难免失了分寸，更有甚者成为"人身攻击"，就连鲁迅先生在二十世纪二十年代的文坛中也不免陷入被人指责"尖酸刻薄"的"不体面"的骂战之中。在《我的态度气量和年纪》一文中，鲁迅说，若以"籍贯，家族，年纪，来作奚落的材料"，"于是'论战'便变成'态度战'，'气量战'，'年龄战'了"。这也正是郁达夫所担忧和提醒青年一辈的。在他给玄背社的回信中，特别提出刊物中的批评要就事而言、言语有度，"对于不甚重要的个人私事，或与己辈虽有歧异而志趣相同的同志，断不可痛诋恶骂，致染中国'文人相轻'的恶习。"

玄背社诸君：

记得在今年的四五月里，你们忽而寄来了几张刊物，题名《玄背》，我当时读了，就感到了一种清新的感觉。以实例来说，就譬如当首夏困人的午后，想睡又睡不得，想不睡又支不住的时候，忽而吃一个未熟的青梅样子。这时候我的身体不好，虽则说是在广州广东大学教书，然而实际上一礼拜只上三点钟课，其余的工夫，都消磨在床上横躺着养病。因此，从前接手做的事情，都交出去托别人办了，第一，那个《创造月刊》，就在那时交给了仿吾。

…………

现在上海北京，有许多同《玄背》一样的小刊物出世，它们的同人，都是新进的很有勇气的作者。可是有一点，却是容易使人家感到不快的，就是这一种刊物的通病，和狂犬似的没有理由的乱骂。骂人，本来不是容易的事情，尤其是在现在的中国，在该骂的人很多的现在的中国。

我们的朋友成仿吾也喜欢骂人，可是他骂的时候，态度却很是光明磊落，而对于所骂的事实、言语也有分寸。第一，他骂的时候，动机是在望被骂者的改善，并非在尖酸刻薄的挖苦，或故意在破坏这被骂者的名誉。第二，他骂的，都是关于艺术或思想的根本大问题，绝不是在报睚眦之仇，或寻一时之快。

你们的小刊物上，也有几处骂人的地方，我觉得态度都和仿吾的骂人一样，是光明磊落，不失分寸的，这一点就是在头上说过，《玄背》使我感到清新的一个最大原因。以后我还希望你们能够持续这一种正大的态度，对倒车对恶势力，应该加以十足的攻击，而对于不甚重要的个人私事，或与己辈虽有歧异而志趣相同的同志，断不可痛诋恶骂，致染中国"文人相轻"的恶习。现在交通不便，政局混沌，这一封信，不知道要什么时候能够寄到天津，并且此信到日，更不知你们的《玄背》，是否在依旧出版。总之我希望你们同

郁达夫

志诸君，此后也能够不屈不挠地奋斗，能够继续作一步打倒恶势力，阻止开倒车的功夫。

达夫寄自广州

一九二六年十一月十五日夜 [1]

虽然曹禺一生未能得见郁达夫，但郁达夫的创作风格，宽和敦厚的传统士人精神，以及超越政治、道德之上的独特审美追求都深深影响了曹禺的人格和文格。

---

[1] 《庸报·玄背》第 17 期，1926 年 11 月 28 日。

"饮冰十年，难凉热血"

在新文学的影响之外，古典文学和传统士大夫精神对曹禺的影响也不可忽视。1923 年，当时已离开政坛、定居天津的梁启超来到南开中学演讲，题为《情圣杜甫》。曹禺说他便是经由梁启超的启发而读杜诗的，而曹禺戏剧中悲天悯人的情怀和对人性、情感入木三分的理解，都与梁启超和杜诗的启发不无关系。

梁启超一生政治思想几经复杂变化，在改良与复归传统间摇摆，但他毕生致力于中国社会改造，为了民族强盛和国家繁荣竭力奔走，这一份忧国忧民的使命感与责任感从未改变。他在题为《情圣杜甫》的演讲中认为杜甫之所以称"圣"，正在于他对普通人的"多情"，对"下层社会的痛苦看得真切，所以常把他们的痛苦当作自己的痛苦"。

杜甫"上悯国难，下痛民穷"、心系苍生的博爱胸怀和悲天悯人的忧患意识，不仅对梁启超产生了深刻影响，也在年轻的曹禺心中烙下了难舍的印记。事实上，梁启超于 1914 年年末携家寓居津门，便住在今河北区民族路 44 号，1924 年西侧新楼落成，命名为"饮冰室"——这里与曹禺长大的万公馆仅百米之遥。"饮冰"一词出自《庄子·人间世》："今吾朝受命而夕饮冰，我其内热欤？"梁启超先生化用为

"十年饮冰，难凉热血"这句话来表达他作为维新变法领袖人物对家国的忧虑和对理想抱负的执着。曹禺说他父亲曾任黎元洪大总统的秘书，从小的生活环境让他见惯了人情冷暖，见惯了在权力旋涡中汲汲营营和落魄失意的人们，其中固然有弄权虚伪之徒，但也不乏真心求社会进步的志士。这样的生活环境和成长环境，将中国知识分子不可割舍的家国情怀、社会责任和文化心态深深烙印在了曹禺的思维模式之中。

曹禺在南开中学的"大学长"周恩来也深受梁启超影响，他在日记中屡次提到读梁诗梁文的感触。1917年梁启超到南开演讲"青年今日之责任"，周恩来作为学生记者笔录其演讲词刊登于《校风》之上。同时，周恩来也是南开新剧团的重要成员。1914年，南开新剧团正式成立，教师时趾周担任团长，周恩来被选为布景部副部长。1918年，南开新剧团演出《新村正》，这部话剧获得全国知识界的一致好评，让南开新剧团一鸣惊人，声名甚至远播海外。《新村正》成为南开新剧团的保留剧目，连年上演。戏剧家陈白尘、董健认为《新村正》的问世宣告中国现代戏剧结束了萌芽期——文明新戏时期，迈入了历史的新阶段。1934年，曹禺改编、重演了《新村正》。曹禺说："我比周恩来同志小十二岁，在学校时没见过他的面。"虽然他们在学校没有见过面，但南开的演剧传统、南开的精神却将他们紧紧联结在一起。

献身甘作万矢的
著论求为百世师
誓起民权移旧俗
更揅哲理牖新知
十年以后当思我
举国犹狂欲语谁
世界无穷愿无尽
海天寥廓立多时

周恩来学生时代手书的梁启超诗歌《自励》

南开新剧团，走入戏剧新天地

与南开新剧团的"结缘"可谓曹禺人生经历中最大的转折点，也是曹禺戏剧生命的正式起点。1908年，担任南开中学校长的张伯苓远赴欧美考察，西方先进的科学知识和教育制度使之大受震撼，回国后便写下了南开中学第一个话剧剧本《用非所学》，批评封建势力对青年人进取精神和独立人格的侵蚀。该剧以一名学习工程的归国留学生为主要人物，讽刺他学成归来后不思报效祖国，反而花钱买官、高调空谈，最终与污浊的官场沆瀣一气。张伯苓组织学生开展课余演剧活动，用以贯彻其戏剧教育思想，"藉演剧以练习演说，改良社会"。张伯苓明确提出："教育一事非独使学生读书习字而已，尤要在造成完全人格，三育并进而不偏废。"他将对青年学生的教育内容编写进话剧台词，让青年通过演戏的方式实现自我教育、人格塑造和社会宣传。张伯苓开创了南开戏剧

南開史話 (二)

第一齣話劇

劇　名：用非所學
演出日期：清光緒三十四年冬；
地　點：嚴宅東院
編劇人：張校長
導演人：張校長
　劇　情

第一幕：留學生賈有志（假有志），留學歐美，學習工程。學成歸國，趾高氣揚，不可一世。乃師魏開化（來開化）邀宴于酒肆，賈高談工程救國，魏聞之，深有所感。賈又大唱高調，友人笑其愚，告以欲入仕途，須有援引，空論無濟實事，遂計議進謁萬大師。萬委以驟知幕職，賈大喜，行三拜九叩禮，謝委，嚴

第二幕：買至其友人家，友人保日本留學生，現已腐化。

第三幕：賈有志穿戴紅頂花翎，見萬大師。

劇中人：校長飾賈有志，時子周先生飾魏開化，嚴智怡先生，嚴智崇先生飾日本留學生夫婦，嚴仁顏先生飾其幼子，范達青先生飾僕人。

四八

《南開四十年紀念校慶特刊》刊登的《用非所學》介紹

教育的传统，即用编演话剧的方式培养具有实际宣传教育能力的人才，用以改良社会积弊。从这一年起，南开系列学校每年的校庆纪念日都要举行编演新剧的活动，陆续编演了《箴膏起废》（1910）、《华娥传》（1912）、《新少年》（1913）等剧目，意在发挥青年演新剧的"改造社会之功效"，也试图扭转当时社会上文明戏过度商业化和腐败的风气。

《新少年》描写的是一位贫苦少年发奋苦读，最终学有所成、为国建功立业的故事。这部剧吸引了刚刚考入南开中学的周恩来。1914年，周恩来等发起成立了学生课余活动团体"敬业乐群会"，会内设有演剧团。校内其他社团如"自治励学会""青年会""童子会"等都有演剧活动。这一年南开中学的演剧活动颇为频繁，各会演出了《五更钟》《不平鸣》《里里波的跳舞》《特国结婚》《父子泪》《恩怨缘》等，"描写社会之腐败，发抒少年爱国之精神"。同年11月，南开新剧团正式成立，热爱戏剧且品学兼优的周恩来被推举为布景部副部长，这在由教师担任骨干的新剧团中还属首次。在校期间，周恩来不仅对剧团的事务尽心尽力，创办大学是严修、张伯苓的夙愿。在南开中学创办后，经过艰难筹备，南开大学于1919年正式开办。1923年，张伯苓又创办南开中学女中部，1928年又开办了南开小学。九一八事变后，华北形势危急，为保障教育不因时局变化而中断，张伯苓决定把南开学校办到全国各地。1936年，重庆私立南渝中学（重庆南开中学前身）开办。这些学校统称为"南开系列学校"，以10月17日为"南开系列学校校庆纪念日"并延续至今，这是1904年私立中学堂创立的日期。今天的南开系列学校包括南开大学、天津市南开中学、天津市第二南开学校（原南开女中）、南开翔宇学校、南开小学、重庆南开中学、重庆南开（融侨）中学校、自贡蜀光中学、青岛莱西南开学校等。

《箴膏起废》是张伯苓自编自导自演的话剧，批评当时吸食鸦片成风的社会风气，教育人们应有健康的生活方式。该剧1910年在南开中学首演。另有一说该剧早在1906年就演过，地点为严宅，当时只有私立第一中学堂的教师、学生和学生的家眷为观众。

而且还是剧团的优秀演员，无怪乎张伯苓
称周恩来为"南开最好的学生"。

1916 年，张伯苓的弟弟张彭春从美
国哥伦比亚大学取得文学和教育学硕士学
位后回到天津，任南开中学专门部主任兼
代理校长，并任南开新剧团副团长。他废
除了剧团原先的编演程序，引进了西方戏
剧编导演体制，并用欧美现实主义手法指
导学生排演新剧。他留美期间创作的话剧
剧本《醒》深刻揭露了当时中国政局的腐
败和官场的黑暗，南开新剧团当即决定排
演该剧，在建校纪念会上演出。后因种种
原因《醒》推迟到当年 12 月 23 日毕业式
上才正式公演。南开中学校刊《校风》评
价这场演出"颇多引人入胜之处……佳音
佳景，两极其妙"[1]。同年 12 月 18 日，《醒》
的汉、英两种稿本在《英文季报》刊行。

---

[1] 《特别纪事·民国五年冬季第九次毕业式记》，
《校风》特别增刊，1917 年 1 月 15 日。

《醒》是张彭春1915年创作于美国的英文剧本，原定于1916年在南开中学建校十二周年纪念会上以中文演出，张彭春饰演主角陆君，周恩来饰演冯君之妹。原定同时出演的还有《一念差》（筹备新剧时定名为《叶中诚》）。后《醒》因"情旨较高，理想稍深，虽事实述累，历历在目前，可改弊维针，发人深省，无如事退高，则稍失枯寂，似与今日社会心理不合"等原因取消公演，《一念差》因此由原定的五幕扩充为六幕上演。同年12月，张彭春指导应届毕业生按《醒》的英文稿本重新进行排练，由梅贻琳、邹宗彦等出演。不久《英文季报》刊登了《醒》的中英文稿本，而英文版的《醒》于12月23日在毕业式上得以公演。

1916 年周恩来在南开中学校刊《校风》上发表了《吾校新剧观》，高瞻远瞩地阐明了南开新剧的使命与功能，即"重整河山，复兴祖国"，对民众实行"开民智，进民德"的教育：

> 是知今日之中国，欲收语言文字统一普及之效，是非藉通俗教育为之先不为功。而通俗教育最要之主旨，又在舍极高之理论，施以有效之实事。若是者，其惟新剧乎！英莎士比亚之言曰：世界为舞台，而人类为俳优（The world is large stage and men are players），其言颇具意旨。盖世界种种之现状，类皆兴亡无定，悲喜无常，人类无异演技其中。故世界者，实振兴无限兴趣之大剧场，而衣冠优孟，袍笏登场，又为世界舞台中一小剧场耳。但推微及广，剧场中之成败若斯，世界之优劣亦判。言语通常，意含深远，悲欢离合，情节昭然。事既不外大道，辅以背景而情益肖，词多出乎雅俗，辅以音韵而调益幽。以此而感昏聩，昏聩明；化愚顽，愚顽格。社会事业经愚众阻扰而不克行者，假之于是；政令之发而不遵者，晓之以是道。行之一夕，期之永久。纵之影响后世，横之感化今人。夫而后民智开，民德进，施之以教，齐之以耻。生聚教训不十年，神州古国，或竟一跃列强国之林，亦意中事也。非然者，学校社会，虚图其表，一任梨园优伶，驼舞骡吟，淫词秽曲，丑态百出，博社会之欢迎，移世风之

日下，则社会教育终无普及之望，而国家之精神亦永无表现之一日矣。然吾固非谓吾国旧戏尽属导淫毁俗之事也，特其中流弊滋多，改不胜改，较之新剧实利少而害多。且吾今之所论，亦仅限于新剧，不但此也，且限于吾校之新剧。而所以不惮琐烦，于功效一篇论之滋详者，盖予为后三篇之导引，亦所以示吾校新剧演旨之所在也。

这篇论文可谓南开新剧提纲挈领的重要文献，而南开新剧的光荣传统和社会使命，此后在曹禺的手中发扬传承，最终将中国现代戏剧推向真正的高潮。

1916—1917年间，张彭春又先后组织排演了《一念差》《反哺泪》《平民钟》等剧目。1918年10月，由张彭春主稿，南开新剧团师生共同编演了话剧《新村正》，为南开中学建校十四周年献礼，1919年的《春柳》杂志刊登了此剧剧本。而1919年，张彭春再度赴美国深造，完全回归南开园时已是1926年。1934年，张彭春与曹禺共同对《新村正》剧本进行了修改，使其结构更严谨、剧情更曲折，更引人入胜。该剧以土地是否能够出租给外国公司经营为线索展开剧情，有着强烈的反帝反封建意识。

在张彭春的领导下，南开新剧团在剧本创作和编演方法上借鉴欧美现实主义手法，反映现实生活中的各种社会问题，

（第一幕）　新村正　天津南开学校满十四周年纪念新剧

（第二幕）　新村正　天津南开学校满十四周年纪念新剧

南开新剧团演出《新村正》剧照

周恩来参演《一元钱》剧照

"已占有写实剧中之写实主义"[1]，之后又陆续编演了《仇大娘》《一元钱》（又名《炎凉镜》）等，也有根据外国现实主义作品改编的《娜拉》（原作为易卜生的《玩偶之家》）、《刚愎的医生》（原作为易卜生的《国民公敌》）、《少奶奶的扇子》（原作为王尔德的《温德米尔夫人的扇子》）、《织工》（原作者为霍普特曼）等，都具有鲜明的现实批判性和反封建、追求人和社会解放的特点。南开新剧团的追求鲜明地体现了五四新思潮的影响，然而相较于同时期的五四知识分子激烈的反封建态度和决绝行动，南开新剧团更注重将启

---

[1] 周恩来：《吾校新剧观》，《校风》，1916 年 9 月。

蒙思想融于大众喜闻乐见的通俗形式中，并不排斥传统戏曲在表现方面之所长。在编演技巧和人物情节上，其兼取西方戏剧和中国传统戏曲优长，"中西合璧，雅俗共赏"，启蒙态度更加中正平和，因此不仅能为接受过西方教育的知识分子所欢迎，也能为一般市民所接受，其影响不仅停留在校园，在当时社会上也享有盛誉。

初涉戏剧表演

从小就酷爱文学、戏剧的曹禺自然对享誉盛名的南开新剧团神往已久，但他入学后第二年便因为"出疹子"而休学，直到1925年春天才复学回到南开园。没过多久，当年5月初，他热爱的南开新剧团的新戏《少奶奶的扇子》便上演了——

> 本校大学部1925级同学，已毕业在望，明晚七时，特演剧筹款，以备购置毕业纪念品，假座本校中学部大礼堂公演新剧《少奶奶的扇子》两场。中学部同学优待，每座仅售大洋五角，请向校庶务处购票。欢迎同学们光临。

《少奶奶的扇子》是英国文学家王尔德的作品，直译为《温德米尔夫人的扇子》。原作强烈地讽刺了英国资产阶级上流社会的虚伪狡黠，但与中国社会显然有着一定的差异。1924年，戏剧家洪深将该剧的背景、人物、地点等都进行了中国化的改编，保留了原作的批判精神，但情节设定上与中国社会更加相融；"少奶奶的扇子"这一命名更为传神，点明了中国当时独特的社会结构和阶级问题。该剧在上海首演后引起轰动，也让南开新剧团的精英们跃跃欲试。曹禺在休学养病期间就已经对这部剧极为关注，听说天津也要上演更是激动不已。为了更好地观看这部剧，曹禺特地将连载了《少奶奶的扇子》剧本的《东方杂志》第21卷2—5号找出来又细细阅读几遍，用他自己的话说，"我天天看天天背，把剧本都翻烂了"。

洪深话剧版的《少奶奶的扇子》塑造了一位沦落风尘的交际花金女士。她二十年前抛弃丈夫、女儿与人私奔，最终惨遭抛弃，堕入风尘。二十年后她在阔太太瑜贞的生日宴会上偶然得知瑜贞便是自己的女儿，就在她想要认下自己女儿的时候，却被人误会与瑜贞的丈夫徐子明有染。瑜贞心生隔阂，气愤间准备与一直暗恋自己的小混混私奔，金女士为了避免女儿重蹈自己旧日覆辙，选择牺牲自己的名誉，保全瑜贞的清白。金女士正是一位"娜拉式"的人物——要么堕落，要么回来（鲁迅语）——金女士的"堕落"也正是试图冲破旧式家庭的养尊处优却情感苦闷的中国"娜拉们"的处境的一种写照。

曹禺对金女士充满同情，他对于旧时代中毫无自主性可言却承受着最残酷恶意的女性充满同情。他后来创作的《日出》中的陈白露形象也不无金女士的影子，陈白露虽然身在风尘，却泼辣自主；她试图成为自主的人，却不自觉地屈服

南开新剧团演出《少奶奶的扇子》剧照

于贪图享乐的惰性；她受过新思潮的洗礼，却无法在社会上立足，最终只能沦为交际花……陈白露的矛盾性正是深受五四新思潮影响、追求女性主体性解放却求而不得的一代"娜拉们"的共同悲剧。

正式演出那一天，曹禺特地邀请同样热爱戏剧的继母前来观看。虽然曹禺没有参与演出，但他担任剧务等工作，在后台忙前忙后。忙碌之余，他在台侧偷偷看了继母几次，清楚地看到继母不住地用手帕擦拭眼睛，似乎与剧中人物悲惨的命运产生了无尽的共鸣……

演完《少奶奶的扇子》后不久，南开新剧团招新，曹禺终于如愿成为其中一员。不久，震惊中外的"五卅惨案"发生，南开新剧团立刻以戏剧为斗争武器加入了"五卅运动"的风潮。剧团编演了多部街头剧，向社会呈现"五卅惨案"的血泪事实，曹禺在其中扮演了多个角色，经受了最初的演剧锻炼。随后，剧团又对德国剧作家霍普特曼根据1844年西里西亚纺织工人起义的真实历史创作的五幕话剧《织工》进行了改编，反映"五卅运动"所体现出的中国人民渴望打倒帝国主义、驱逐列强的强烈愿望。

"我开始接近戏剧是在十五六岁的时候。那时刚上中学，我参加了南开新剧团，距现在半个多世纪了。那时我们演了德国作家霍普特曼的一个戏，叫《织工》，是写工人罢工的，最后失败了。这个戏给了我很大影响。这之后还演过易卜生、莫里哀等人的戏，也常常演南开新剧团自己编的戏。一直到我二十几岁以前，每年都参加演戏，从未间断。这些演出活动对我很有好处，使我晓得了观众喜欢看什么，不喜欢看什么，需要看什么，不需要看什么。"①

　　这次演出中，曹禺扮演了纺织工人中的一员，虽然那只是一个无足轻重的小角色，但他却兴奋异常，因为他终于有机会登上真正的舞台了。曹禺的舞台感非常好，同学和老师们都赞不绝口，这让从小就热爱戏剧、醉心表演的曹禺一下子获得了信心，更坚定了自己的热爱，坚定了在舞台上焕发光彩的决心。

　　终于到了《织工》演出的那一天，大幕一拉开，西里西亚织工们在工厂主的残酷剥削下艰苦劳动的场面就展现在观众面前：在织工聚居的村子里，织工们将自己的产品交给工厂主德莱西格，得到的却是微薄的报酬，难以维持生计。织工们一个个胸腹干瘪、面黄肌瘦，甚至有人在顶着烈日验收织物时当场昏死过去……而工厂主却过着锦衣玉食的生活，他们用牛奶洗脸、用葡萄酒洗澡，大腹便便、无所事事，他们唯一的心思就是算计如何更加残酷地剥削工人、巧立名目克扣工人本就非常微薄的工资。织工们的生活难以为继，愤怒绝望的他们聚集起来，唱着《织工之歌》，以发泄心底的仇恨。警察前来干涉，于是愤怒的织工们发动了起义，他们拥入工厂主德莱西格的家，毁了他的别墅。织工们的阶级仇恨像山洪暴发，一泻千里。

---

① 曹禺：《曹禺谈雷雨》，王育生记录整理，《人民戏剧》，1979年第3期。

起义吸引了越来越多的人，席卷了整个西里西亚地区……虽然最终起义被暴力镇压了下去，但是织工们愤怒的呐喊声却久久回荡在剧场中，也久久萦绕于曹禺心间。

> 这儿是个刑讯的场所，
> 比秘密法庭更加可恶，
> 最后判决还没有宣布，
> 生命已经被很快剥夺。
> 你们这些撒旦的子孙……
> 你们是地狱里的小丑，
> 大口吞食穷人的所有，
> 诅咒将是你们的报酬！

参与《织工》的演出是曹禺第一次正式接触阶级问题。但曹禺自小便对底层人民充满了理解和同情，再联想到当时正如火如荼的"五卅运动"和上海工人阶级不屈不挠的斗争，他第一次真正思考社会问题和阶级问题："为什么劳动人民每天拼命工作仍然衣食无着？为什么资本家已经富得流油却还如此贪婪？"此后曹禺在《雷雨》中对阶级矛盾的刻画、对工人斗争的呈现和同情、对以斗争手段赢得阶级解放的赞同，这些进步的人生观的积累和确立都与《织工》的影响不无关系。这一进步的人生观在他此后的南开岁月中不断得到发展和深化。

与天津共产党人的交往

当然，曹禺价值观的进步和人生观的确立也有在南开中学时期与早期共产党人交往密切的功劳，他初中时的班长郭中鉴便是其中之一。班长平时不苟言笑，但常常找机会给大家讲一些革命道理。那时的曹禺还很懵懂，不太明白班长说的那些道理，只觉得他是一个"成熟了的大人，不平凡的"。在"五卅运动"的风潮中，郭中鉴也一马当先地积极组织学生游行，这让曹禺很是佩服。但最让曹禺难以释怀的，是他在读高一时，郭中鉴失踪了，后来听说他被北洋军阀逮捕了，严刑拷打之下仍宁死不屈。这时曹禺才明白郭中鉴就是同学们口口相传的共产党——"我才知道，在世界上还有一种不怕强权，不顾生死，决心要改变社会的人"①。原来这就是共产党！曹禺恍然大悟，他不禁回忆起此前接触过的同学管亚强、沈敏基等。后来曹禺才知道，他们都是中国共产主义青年团团员（当时为隐蔽称为 CY）。他们的斗争精神都对曹禺有过很大的影响，沈敏基还拉着曹禺去听过爱国报人王芸生所办讲习班的课。讲习班就开在耀华里，虽然很隐蔽，但参与的人很多。王芸生当时公开的身份是在国民党天津市

① 《曹禺同志谈创作》，《文艺报》，1957 年第 2 期。

一代报人王芸生

党部宣传部任职，并是报界知名撰稿人，但他却在讲习班中大骂蒋介石背叛革命，大讲工人运动发展史和马克思主义革命理论。这是曹禺第一次真正接触革命理论。后来在二十世纪八十年代，曹禺曾写过一篇文章，题为《我的一生始终接受着党的教育》，而他接受党的教育的起点，便是他这些同学的影响和王芸生的启发。1928年起，王芸生先后加入天津《商报》《大公报》，在以笔为刀为国家民族命运呼号的同时，对南开新剧团的演出和戏剧明星曹禺的横空出世也给予了极大的关注。《大公报》时常对南开新剧团的演出给予不吝篇幅的报道。

允公允能，巍巍我南开精神

  1926 年春天，张彭春从清华大学辞去教务长职务，回到南开中学担任教务主任，同时领导南开新剧团的工作。他在南开新剧团中推行现代导演制度，经过整顿的南开新剧团很快又被推向了一个新的高度。1927 年起，张彭春在南开园改编、创作了一批享有时代盛誉的名剧，包括丁西林的《压迫》、易卜生的《国民公敌》（现多译为《人民公敌》）和《玩偶之家》、高尔斯华绥的《斗争》（改编后的名字为《争强》）、莫里哀的《悭吝人》（改编后的名字为《财狂》）以及改编版本的《新村正》等。每一个剧目的演出都能掀起社会对话剧艺术关注的新高潮和对剧中所反映社会问题的激烈讨论，天津《大公报》《益世报》连续几天连篇累牍地报道也很常见。然而，张彭春这次回到南开最大的收获也许不止于此，更重要的是他遇到了一位让他足以骄傲终身的得意弟子——曹禺。在他的艺术理念和戏剧精神的滋养下，曹禺由一位天才演员成长为戏剧大师，其

张彭春

63

光芒足以照亮中国现代戏剧的整片夜空……

戏剧成为曹禺生命的一部分，正是张彭春调动、培养、器重的结果。张彭春对曹禺分外惜才，他们二人之间亦师亦友的动人情谊在曹禺后来的戏剧创作中也常常有所展现，他是当之无愧的曹禺戏剧之路上的恩师和精神上的导师。在《雷雨·序》的末尾，曹禺写道："我将这本戏献给我的导师张彭春先生，他是第一个启发我接近戏剧的人。"

> 张先生对我的影响是带有决定性的，也可以说影响了我一生的命运。我不是注定非搞戏剧不可的。在我中学时代，我的兴趣也是多方面的。当然，我从小喜欢戏，但是，也仅仅是喜欢。到入了南开新剧团，特别是在张先生指导下演剧，那么器重我、培养我，把我的兴趣调动起来，把我的内在的潜力发挥出来，让我对戏剧产生一种由衷的喜爱，成为我的生命中的一个组成部分，直到我愿意，应当说情不自禁地投入戏剧中去，这就是张先生的培育的结果。他确实是我的恩师。
>
> 我记得他送给我一套易卜生全集，英文的。那时只有一个姓潘的（潘家洵，他是中国最早的易卜生戏剧的翻译专家——田本相注）翻译了易卜生的一个剧本。我是咬着牙把易卜生全集读完的。读完以后，我身心愉快极了，好像步入了戏剧的海洋。啊！话剧艺术原来有这么多表现

方法，人物可以那样真实，又那样复杂；那么多不同类型的男女人物，塑造得个个栩栩如生。表现方法又是那么灵活多样，明喻、暗喻、象征，各种手法运用自如。读他的剧作，使人感到妙趣横生。还有他的构思是那么精美巧妙，结构是那么精细严谨，这些都使我迷恋忘返。尤其是他的简洁，简直到了无可挑剔的地步，没有任何多余的与戏剧冲突无关的笔墨。真是大开了眼界！这些为我后来从事戏剧创作奠定了艺术基础。[①]

　　数年的南开生涯，让曹禺与无数伟大的灵魂相遇，而他们几乎都有一个共同的名字——南开人。南开不平凡的校史和精神、独特而现代的教育理念孕育和培养着一代代南开人前赴后继、为国为公。勇毅坚卓、愈难愈开、坚韧自强是南开的精神，爱国为公是南开人的底色，这在张伯苓老校长创办南开系列学校之初就深深地刻在南开人的精神底色之上。曹禺曾评价道："知道有中国的，便知道有个南开。这不是吹，也不是谤，真的，

张伯苓

① 田本相：《苦闷的灵魂——曹禺访谈录》，江苏教育出版社，2001年1月版，第13—14页。

天下谁人不知，南开有个张校长？！"张伯苓最初便以"痛矫时弊，育才救国"为办校宗旨，提倡"公能"教育，实现教育救国。

公，即爱国爱群之公德；能，即服务社会之能力。张伯苓的教育理念和南开精神在曹禺身上也打下了深深的烙印。"允公允能，日新月异"，曹禺甫一进入南开园，这八个字背后的深意便深深地刻在了他的脑海之中——这还要从张伯苓一场亲自授课说起。博古通今的张伯苓深知"修身、齐家、治国、平天下"的重要性，非常重视学生的"修身"和自律，直到今天，南开校园各处还立着张伯苓提倡设置的"整容镜"。他在镜子上写道："面必净，发必理，衣必整，纽必结。头容正，肩容平，胸容宽，背容直。气象：勿傲、勿暴、勿怠。颜色：宜和、宜静、宜庄。"这也是一代代南开人自我要求的范本。同时张伯苓还坚持每周亲自给学生讲授"修身课"，十分重视学生的德育。在曹禺的印象中，"张校长身高七尺余，操着一口洪亮的天津口音，一开口就将全场师生凝聚为一体，令人肃然起敬"。第一次上修身课的时候，曹禺还很漫不经心，甚至带着一本小说准备打发时间。然而张伯苓一开口，便截中了曹禺敏感而深切的民族自尊——刺激张伯苓下定决心要教育救国的正是甲午海战的失败，是各国列强嘲弄中国士兵、中国人时不屑的神色。曹禺永远难忘张伯苓校长讲述何为"允公允能"时那炽热的目光和因为激动而涨红的脸：

　　　　所谓允公允能，简单一句话，就是要培养学生具有爱国家、爱群众的公德，还要培养学生有为社会服务的能力。为什么要爱我们的国家？我这里要讲一个我亲身经历的故事。二十几年前，我在北洋水师学堂，亲眼看到旅顺、大连被日本割去，青岛被德国夺去。有一次，我到刘公岛上去，看见两个人，一个是英国兵，一个是中国兵。那英国兵身材魁伟，穿戴很庄严，脸上露出轻蔑中国人的神色。但是我们中国兵怎样呢？大不相同！他穿的衣服还不是现在士兵穿的灰色军衣，而是一件很破的衣服，胸前有一个"勇"，面色憔悴，两肩高耸。这两个兵一比较，真是天地之差。我当时看了觉得很羞耻，一连几个晚上睡不着觉，真是辗转反侧，夜不成寐。痛心哪！同学们！然而，更让我痛心的是，甲午海战那年，我还亲眼看到威海卫下旗子。中国兵打败了，中国的黄龙旗降下，换上了日本太阳旗。这是在咱们中国的地方啊！同学们！这极大的刺激，使我立志要改造我们中国人，要办教育，为咱们国家多培养些人才……①

---

① 曹树钧：《"神童"曹禺——曹禺成才之路》，上海教育出版社，1998年3月版，第43—44页。

说罢，张伯苓叫了一位同学上讲台，给了他一根苇秆，同学轻轻一掰便断了。张伯苓又给了他一束苇秆，这位同学一掰再掰，甚至用脚踩着苇秆去掰，逗得全场同学哈哈大笑，最终费了九牛二虎之力也没有掰断。张伯苓止住同学们的笑声，严肃地说道："帝国主义列强讥笑我们是一盘散沙。分则易折，合则难摧。我们只有发扬团结合作的精神，才能谋求国家的振兴，全社会的进步！"

张伯苓振聋发聩的声音在曹禺的耳边久久萦绕。此后，在实现中华民族伟大复兴的历史征程上，就不乏南开人的身影。南开频繁的抗日活动引起了侵华日军的忌惮，1937年7月28日深夜，侵华日军对南开系列学校进行了野蛮轰炸，南开大学成为中国全民族抗战爆发后第一所被侵华日军毁掠并化为焦土的高等学府。一时间，学校尽为废墟，珍贵资料、设备被洗劫一空。然而正如张伯苓所说："敌人此次轰炸南开，被毁者为南开之物质，而南开之精神，将因此挫折，而愈益奋励。"南开被侵华日军轰炸后，师生千里跋涉、辗转长沙、昆明，与北京大学、清华大学合组西南联大，为中华民族存续文明的火种，成为中国乃至世界高等教育史上的传奇！"渤海之滨，白河之津，巍巍我南开精神"，南开精神便是为公为国的精神，便是以青春之我铸就青春之中国的精神，便是刚毅坚卓、愈难愈开的精神。南开精神给予曹禺等一代代南开人终生难忘的滋养，曹禺就是在南开精神的熏陶下成长为一代戏剧大师、东方的"莎士比亚"，成为民族精神的叩问者、歌颂人类深层本体价值的诗人……

日军侵华时被炸的南开中学

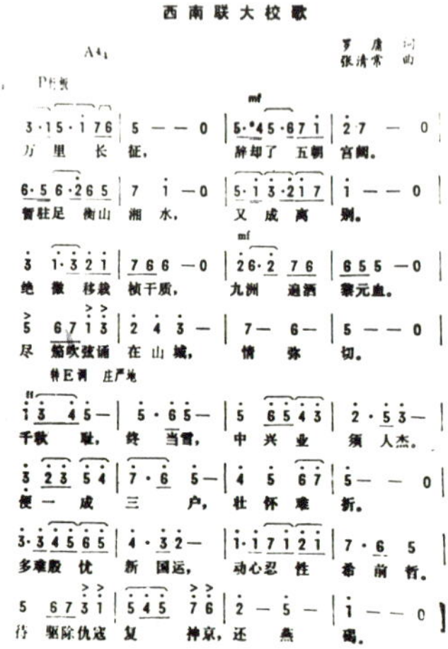

允公允能

张伯苓题

南开大学校训，张伯苓题

西南联大校歌

西南联大校歌

如今南开大学校园内的西南联大纪念碑　南开大学党委宣传部供图

如今南开大学校园内的校钟① 南开大学党委宣传部供图

---

① 侵华日军在轰炸南开大学后，还将学校财产劫掠一空，重六千余公斤、刻有《金刚经》全文的校钟亦被劫掠。如今南开大学校园内的校钟为 1997 年 7 月，即南开大学被侵华日军炸毁 60 周年之际重铸。

在南开新剧团中，曹禺的戏剧才能得到了淋漓尽致的发挥。然而，曹禺首先展现出的并不是日后让他蜚声文坛的戏剧创作才能，而是非凡的演戏天赋——此后的文坛鲜有人提及，戏剧大师曹禺，也曾是一位天才演员。

在南开新剧团期间，曹禺参演过很多剧目，这些活动不仅培养了他对话剧的兴趣和舞台感觉，也改变了曹禺的一生。正如曹禺回忆说："从 1925 年，我十五岁开始演戏，是我从事话剧的开端。感谢南开新剧团，它使我最终决定搞一生的戏剧，南开新剧团培养起我对话剧的兴趣。"[1]

演出《压迫》，惟妙惟肖"女房客"

先前参加《织工》的演出，是曹禺第一次正式登台，虽然是一个无足轻重的小角色，但他在舞台上张弛有度，丝毫不见紧张与怯场，获得了剧团上下的一致称赞。加之他在剧团组织排演的两个京剧剧目《走雪山》和《打渔杀家》中有精彩的表现，深得作为排演主任（即导演）的张彭春的认可。到了 1927 年剧团准备排演丁西林的《压迫》时，曹禺的演

---

[1] 曹禺：《我的生活和创作道路》，《戏剧论丛》，1980 年第 2 期。

技已经让他能够"挑大梁",被张彭春寄予厚望。

这次排演是为了帮助南开学生自治会在暑期开展活动筹款,准备的剧目有丁西林的《压迫》、田汉的《获虎之夜》和俄国剧作《可怜的裴迦》,全部由张彭春任排演主任。张彭春特地把曹禺叫到自己的办公室,郑重地将一个艰巨而光荣的任务交给他——饰演《压迫》中的女房客。女房客是《压迫》中的主角,但那时封建观念仍然根深蒂固,男女同台演出还不被社会大众所接受,只能选男演员扮演女性角色。曹禺面容俊美、身材匀称,尤其是他演技细腻,并且有坚定的表演信念,这都让张彭春相信他能够演好这个角色。曹禺果然没有令他失望。接到这个任务后,曹禺一遍遍地揣摩动作、台词甚至神情,有时候一句台词要反复练上几十遍,哪一句重、哪一句轻,比如剧本中最后一句台词"我——啊——我——",如何在这有限的台词中展现丰沛而富有层次的感情色彩,他都悉心揣摩,甚至通宵练习。张彭春陪着他一遍遍练习,并给予了专业、中肯的指导。

其中有个有趣的小细节十分令人动容,也足见曹禺与张彭春正是在对话剧表演的悉心揣摩中教学相长的。曹禺饰演的女房客是一位受过新式教育的摩登女性,有一个细节是她出门前的"搽粉"。曹禺和张彭春两个大男人哪里懂得这些,曹禺拿起粉盒便从嘴角开始搽了起来。张彭春虽然对新女性化妆也很不熟悉，但是凭着多年的排戏经验却不禁感觉怪怪的。"家宝，你知道女人搽粉从哪里搽起吗？"张彭春问道。"不知道，但应该是嘴边吧，嘴边容易有油！"曹禺答道。"不对不对，这里很不对……"果然，经过询问和观察，他们终于知道原来女性搽粉是从鼻梁处搽起，因为脸部的最高处鼻梁才是最容易出油的地方。经过很多这样的小细节的打磨，曹禺演的女房客更加惟妙惟肖。张彭春对他说："家宝，你没有很好地观察生活。生活里小姐、太太搽粉的事是经常可以看到的，你就没有留心……演员在台上扮演的角色，不可能都是自己原先熟悉的。一定要细心地观察社会上一切的人，储存起来。家宝，你记住这话，将来对你会有用的。"张彭春平易近人，与曹禺等学生们打成一片，教学相长，同学们都亲切地以张彭春的乳名"五九"称呼他为"九先生"。张彭春的谆谆教导极大地提升了曹禺的戏剧观和演剧观，也使曹禺受益终生。

《压迫》是五四时期著名的独幕喜剧，也是剧作家丁西林的代表作之一。剧本于 1926 年在《现代评论》刊登时，附有一封丁西林写给已逝友人叔和的信，信中说："这篇短剧是贡献给你的。这剧里主人有一种可爱的特性。""你是一个很有 humor 的人，一定不会怪我写一篇喜剧来纪念一个已死的朋友。我的生性是不悲观的，然而你可以相信，我写完了这篇剧本，思念到你，我感觉到的只是无限的凄凉与悲哀。"叔和生前饱受压迫，最终死于贫病交加。这封信交代了剧本的创作动因，是带有浓重悲剧性的题材，然而作者丁西林却不主张悲观地看待生活，举重若轻地将其中的悲剧性、批判性因素化为一出趣味横生的世态喜剧。剧本讲述了当时的北京住房紧张、租房不易，男房客好不容易找到了一间住房，将租金交给了房东太太的女儿，但房东太太回来后，却以男房客没有家眷为由准备毁约。双方争执不下，房东太太便要去叫警察。她走后，又来了个单身女房客要租房，于是男女二人假扮夫妻。面对警察提出的一系列问题，二人都机智地一一化解，最后让不讲理的房东太太遭到警察一顿责骂，二人成功地租到了房子。

曹禺饰演的女房客不仅戏份最重，而且面对警察的咄咄逼人表现得非常机智，最为出彩。在曹禺经过悉心揣摩的演绎之下，他的举手投足尽显受过新式教育的新女性的风采，不仅给观众留下深刻的印象，也在当时天津的报界引起了不小的"轰动"——《南开周刊》第38期载："本校高三年级全体同学以寒假将届，为振起已疲乏之精神，于28日下午举行1928班师生联欢会，会上演《压迫》，陆以洪君饰男房客，万家宝君饰女房客，二君艺术天才加以张仲述先生的导演，一举一动惟妙惟肖，滑稽拆白，尽现台上，可称得全场中之明星。"

《大公报》的评论称赞道：

> 《压迫》里面都是些有趣而不狂傲的演作，内中又含
> 不少深的意思。我尤其赞成那位做女客的先生。我的朋友在
> 我未看戏以前叫我注意现在受过教育的新女子是什么样。他
> 说："你就在那里去看吧！"我细细地看，我不会说什么极
> 文雅的词句，去描写一个"受过教育"的新女子的性格，但
> 是我就觉得演的是我心中所想的那位新女子……
>
> 至善处而尽善尽美者还是《压迫》，这是以剧的整体说，
> 若以个人讲，在《压迫》中我以为做女客的先生是"了不得"。

《国民公敌》演出，军阀横加阻挠

曹禺的演技受到了南开新剧团乃至整个天津文艺界的公
认。到1927年9月，南开新剧团为南开系列学校二十三周
年校庆纪念会排演大型话剧《国民公敌》时，他已经成为当
之无愧的"女主角"。曹禺体态小巧，又肯在戏剧表演上钻
研、下苦功，因此张彭春十分放心让他担任此剧中的女一号、
主人公斯多克芒的女儿裴特拉，与南开新剧团的戏剧老手伉
萧如、张平群、吕仰平等同台演出。

这次的剧本是根据张彭春最热爱的欧洲近代戏剧鼻祖易

卜生的作品改编的。张彭春在美国求学期间，其业余时间就几乎全投入戏剧研究。他自称受挪威现实主义剧作家易卜生的影响最大，"正是因为易卜生，我热爱戏剧胜过热爱哲学"，张彭春如是说。这出《国民公敌》正是易卜生的四大名剧之一。剧本主要讲了正直善良的医生斯多克芒发现疗养区的矿泉水中含有传染病菌，为了疗养病人的安全，他不顾浴场主的威逼利诱，提出要改建浴场。然而，不仅浴场主对他恨之入骨，政府官员们也认为改建浴场会破坏小镇的经济，所以不愿意向公众公布事情真相和解决问题，于是斯多克芒自行向大众公布事情真相。然而，寄希望于浴场会带来财富的市民拒绝接受斯多克芒的说法，甚至连之前支持他的朋友也转而反对他、孤立他。他被市民奚落和指责，甚至被人斥责为"疯子"，市民以民主表决的方式，宣布斯多克芒为"国民公敌"。

　　曹禺听着张彭春对剧本的讲解，竟然不禁流下泪来……"国民公敌"的形象如一记重锤冲击着曹禺的心灵，他不禁联想到曾经读到的鲁迅先生的《狂人日记》——鲁迅先生的创作亦深受易卜生的影响——狂人在一天半夜里突然发现了一个惊人的秘密："这历史没有年代，歪歪斜斜的每页上都写着'仁义道德'几个字。我横竖睡不着，仔细看了半夜，才从字缝里看出字来，满本都着两个字是'吃人'！"狂人和斯多克芒一样，孤独地捍卫着少数人的真理，与顽固而强大的旧世界斗争。斯多克芒孤独而顽强地呐喊道："世界上最强大的人就是最孤独的人！"此时曹禺竟觉得自己经年来如影随形的孤独、悲怆和满腹的愤懑终于找到了一位知音！1927年10月10日，《南中周刊》发表了一篇署名为"小石"的杂文《中国人，你听着！》，这正是曹禺所写，表达了他对当时社会中麻木、愚昧、浑浑噩噩的大众的"哀其不幸、怒其不争"的愤懑：

> 啊，中国人，我真不佩服你！
>
> 倘若你的心仍未成槁灰，你应知人的生活非为"衣、食、住"，更非如一般稀有的"白痴"朝朝阴谋，挑拨，成群结党地满足少数人的欲壑，以至破坏了真的"有"。
>
> ⋯⋯⋯⋯⋯
>
> 你们自命为国民，何尝有一丝创国的勇气，你们只会退缩、固执，见小利即像蝇逐矢，狗逐臭，抢去卖功；危急在前，鼠一般地脱逃。事过，笑当事者的错误，指摘寻隙，又如鬼祟之唧唧。
>
> （原载《南中周刊》第30期，1927年双十专号）

曹禺认为《国民公敌》的公演一定能够唤醒大众，因此怀着满心的热情、废寝忘食地投入排练。然而曹禺等人辛辛苦苦排练了月余，到1927年10月17日南开系列学校二十三周年校庆纪念会召开时,《国民公敌》却遭禁演。公演的那一天,时任直隶省军务督办兼省长的军阀褚玉璞不知从哪里听说南开中学正在排演话剧,名叫《国民公敌》,土匪军阀出身的他不由分说地认为学生们在影射自己是"国民公敌",便立即以"防赤祸,捉赤党"为名派军警包围了南开中学,竟要逮捕该剧的作者"易卜生"!张伯苓当时也在现场,听说他们要逮捕"易卜生",竟不知这出闹剧是可笑还是可悲,他不冷不热地解释道:"你们弄错了,那姓易的,他不是中国人,是欧洲挪威剧作家,早就过世了。"虽然是一出令人哭笑不得的闹剧,但霸道的军阀仍然执意认为这出戏是指桑骂槐地影射褚督办,要求即刻停演,否则以"赤匪"治罪。张伯苓等人据理力争、苦苦请求,但仍然无法扭转禁演的局面。本来满怀激情希望以该剧唤醒民众的曹禺听到这个消息犹如晴天霹雳,愣在原地许久。"这是个怎样的社会?原来这些官吏都自认为是'国民公敌'啊……"曹禺半晌才苦笑着说出这样一句话来。他觉得在封建军阀的统治下,仿佛人要自由地呼吸一次,都要用尽一生的力气……

此时的曹禺身心俱疲、心灰意冷,加上这一天又是姐姐万家瑛去世三周年的祭日,悲哀像潮水一样向曹禺涌来……他提笔写下一首诗《不久长,不久长》:

　　　　不久长，不久长，

　　　　莫再弹我幽咽的琴弦，

　　　　莫再空掷我将尽的晨光。

　　　　从此我将踏着黄湿的

　　　　草径蹒跚，

　　　　我要寻一室深壑暗涧

　　　　作我的墓房。

　　　　啊，我的心房是这样抽痛哟，

　　　　我的来日不久长！①

　　"不久长"的哀叹正是曹禺积淀已久的人生苦闷的集中抒发，人生、社会、时局，种种遭遇的叠加让曹禺难免伤感颓唐，但军阀的统治确实是"不久长"。1928年奉系军阀在同北伐军作战中败北，褚玉璞因此下台。南开新剧团师生奔走相告，为了吐一口恶气，大家决定复排《国民公敌》，同时也纪念易卜生一百周年诞辰。

　　考虑到褚玉璞虽然倒台，但当时天津仍是军阀当权，为了避免再次被当局为难，张彭春将剧名改为《刚愎的医生》，仍由曹禺演女主角裴特拉，舞台经验丰富的张平群饰演男主角斯多克芒，他们把舞台、语言和细节都进行了中国化的处理，

----

① 《不长久，不久长》，《南开双周》第1卷第2期，1928年3月28日。

曹禺南开中学毕业个人照

便于中国观众理解和接受。1928年3月23日至24日，该剧
正式公演，演出极为成功，张平群、曹禺的精湛演技广受认
可，"连演两天，每次皆系满座；实地排演时，会场秩序甚佳，
演员表演至绝妙处，博得全场掌声不少"（《天津南开学校
中学部一览》记载）。因为在该剧中的精湛表演，曹禺在中
学毕业时被授予"新剧家"的美名，同时获得这一荣誉的还
有他在南开新剧团的好朋友、与他合演过《压迫》的陆以洪。

南开中学不仅重视戏剧教育，也重视体育教育，张伯

1928年《刚愎的医生》演出剧照

苓便是最早在中国宣传并推动奥林匹克运动的教育家，也是中国最早、最具影响力的篮球运动推广者之一。南开篮球队 1924 年获得了第一届华北篮球赛冠军，随后华北篮球队以南开篮球队为班底组队参加第三届全国运动会并夺冠。此后南开篮球队连战连捷，先后战胜了美国海军陆战队篮球队以及菲律宾圣提托马斯大学冠军队等国外劲旅。南开篮球队名声大振，以唐宝堃为首的五名球员也获得了"南开五虎"的美名。与此同时，天津观众和华北文艺界也将"篮球队"和"新剧团"这两颗"南开明珠"相提并论，将南开新剧团的几位主要演员称为"话剧五虎"，分别是优鼎如、张平群、万家宝（曹禺）、吴京和李国琛。

演出易卜生的戏剧不仅给曹禺带来了巨大的声誉，让整个华北文艺界都关注到了这位天才演员，更给曹禺本人打开了一扇充满生机的新世界的大门。他开始意识到，戏剧不仅是社会运动和政治宣传的手段，它不仅触及显而易见的社会问题，更能够触及对人性更本质的思辨和人生永恒命题的追寻。后来张彭春还送给他一套英文版的《易卜生全集》，苦读之后，曹禺终于明白了自己敬爱的张彭春先生为何视易卜生的戏剧为社会启蒙的良药，也越来越明确什么样的戏剧才是社会所需要的。

出演娜拉，现代中国"新女性"的觉醒

《国民公敌》大获成功后，南开系列学校二十四周年校庆纪念日又选定了一出易卜生的戏剧《娜拉》，由曹禺饰女主角娜拉，张平群饰娜拉的丈夫海拉茂。此时南开新剧团的演出已经不仅是校内的大事，也是天津教育界、文艺界的盛事。《娜拉》连演两天，场场满座，甚至在首演那天因为人太多将礼堂挤得水泄不通。校方担心人太多发生危险，临时决定优先保障本校学生入场观看，凭南开校庆的就餐券才能入场。演出的火爆由此可见，一时间传为美谈。演出后华北报纸纷纷刊载评论，称"此剧意义极深，演员颇能称职，最佳者是两位主角万家宝君及张平群先生，大得观众之好评"。[①]

---

① 《校闻》，《南开双周》第 2 卷第 3 期，1928 年 10 月 29 日。

1910 年南开中学礼堂内景

1934 年瑞廷礼堂外景

南开中学早在二十世纪初就建起了学校大礼堂，作为新剧团的演出场地；1934 年又建成了瑞廷礼堂，礼堂有双层斜倾式看台，辟有 1700 个座位。1935 年，天津市为冬赈及救济儿童邀请南开新剧团出演大型话剧《财狂》，天津市找不到大型剧场，只好在瑞廷礼堂公演。《大公报》称瑞廷礼堂为"中国话剧第一舞台"。

1935 年，天津市立师范学校孤松剧团和中国旅行剧团先后在天津排演《雷雨》，曹禺当时在河北省立女子师范学院任教，经常亲临现场与演员说戏，并为中国旅行剧团接洽在南开中学瑞廷礼堂进行排演。同年 11 月，曹禺与张彭春合作，将莫里哀的《悭吝人》改编为更加中国化的剧本《财狂》，由张彭春导演、曹禺饰演主角韩伯康，建筑学家、诗人林徽因担任舞台设计。同年 12 月 7 至 8 日，《财狂》在南开中学瑞廷礼堂连演两天，大获成功。

瑞廷礼堂内饰 1700 个座位

1935 年由张彭春（左）导演、曹禺（右）参演的《财狂》工作照

目睹《娜拉》演出的鲁韧非常肯定地认为："我总觉得曹禺的天才在于是个演员，其次才是剧作家。"鲁韧后来成为著名的电影导演，他导演的《李双双》《于无声处》《车水马龙》都在中国电影史上留下浓墨重彩的一笔，他对好演员自然有着一双独到的眼睛。对于曹禺的演戏天才，他说：

我总觉得曹禺的天才在于是个演员，其次才是剧作家。我这个结论，你们是下不出来的，别人没看过他演戏，也下不出来，只有像我这样看过的，才能得出这种毫不夸张的结论。到现在，这样好的艺术效果，这样的艺术境界是很难找到的。曹禺把夫妻间的感情，甚至那种微妙的感情的分寸，都很细腻地、精湛地表演出来，就不能不令人倾倒。像仉霈如、张平群都是大学教授，那么高度文化修养的演员，现在哪里去找。张平群是留学生，娶了德国老婆，但这个德国老婆走了，正是在那个时候，他是有那种感情经验的，也有那种生活的。曹禺也是有着很好的文化修养的。

我是上初中时看到曹禺演《压迫》的，演得不错，但多少还有些业余的味道。后来看到曹禺演的《娜拉》，男人演女角，演得那么好，确实让我惊呆了。我对戏剧也很喜欢，哪儿有戏，我都去看，但没有像曹禺的演出，这样给我以震撼的。张平群演海拉茂，他演娜拉，在我脑子里是不可磨灭的，这个戏对我影响很大。那时，我在新剧团跑龙套，从旁边看得更清楚。我敢这样说，现在也演不出他们那么高的水平……曹禺演戏是用全部身心来演的，他不是职业化演，他不会那套形式，但凭全身心来演。现在，也很难找到这样一种全身心投入的表演了。

曹禺不仅有演戏天才，对美食也颇有研究。南开新剧团的演员们都十分敬业，常常排演到深夜，当深夜大家已经十分饥饿疲劳时，曹禺便作为"天津小吃美食家"闪亮登场。他对天津小吃十分钟爱，又熟悉各家所长，常常自告奋勇给大家买来天津包子、油酥烧饼、"炸果子"（油条）等小吃美餐一顿，然后继续投入紧张的排练之中。

在曹禺之前，南开新剧团最著名的"女主角"便是周恩来。周恩来第一次饰演女主角是 1915 年 5 月上演的新剧《仇大娘》，该剧根据蒲松龄的《聊斋志异》改编而成，剧中他饰演蕙娘。此后，周恩来又参与了《一元钱》《华娥传》《一念差》《千金全德》

曹禺饰演娜拉剧照[1]

---

[1] 1929年的《图画时报》杂志上刊登了一组照片,是天津南开系列学校二十四周年校庆纪念表演《挪拉》(原译)中的演员,其中就有饰演女主角"挪拉"的高中生万家宝(曹禺)。

《醒》等剧的演出。在这些剧目中，周恩来饰演的角色大多数为女性。

曹禺虽比周恩来晚入学十年，但他在南开就读时的社会风气和演艺界的封建思想并没有彻底改观，男女同台演戏仍然为社会所不容。通过出演娜拉等女性角色，曹禺渐渐开始对女性解放和社会解放问题有了更深入的思考和理解。娜拉跳出了原本金丝雀般的生活，勇敢地反抗男权社会与不合理的社会、阶级观念，努力争取人格独立和平等地位，为此不惜打碎平静、优裕的生活假象，毅然奔赴前途未卜的反抗之路，甚至如飞蛾扑火——"娜拉们"成为当时那一代人追求独立、自由和平等的精神启蒙和解放象征。曹禺此后的创作中，"觉醒女性"和充满生命力的反抗的女性成为一以贯之的重要命题，无论是《雷雨》中的繁漪、《日出》中的陈白露还是《原野》中的花金子，她们身上都或多或少投射出娜拉的影子。

改译《争强》，《雷雨》构思初现

在这一段时间，曹禺又参演了很多剧目，比如陈大悲的《爱国贼》、未来派戏剧《换个丈夫吧》、爱情喜剧《亲爱的丈夫》等。虽然曹禺的演技一如既往地受到认可，但他却深深地感受到，演员固然重要，但剧本的立意高下、艺术水准、创作境界才更是作品能否受到观众喜爱、能否成为经典的关键。参演了这么多剧目后他才真正明白了"观众喜欢看什么，不喜欢看什么，需要看什么，不需要看什么"。譬如陈大悲的《爱国贼》，讲的是青年的救国抗争，立意虽好，但戏剧技巧和艺术水准都不高，显示出生搬硬套的拙劣感，虽然因其内容顺应时宜而能一时风行，但终究会在艺术史的大浪淘沙中湮灭无闻。而《少奶奶的扇子》《娜拉》这类作品则不然，它们不仅呈现现实的社会问题，更观照到生命的永恒命题和哲理思考，同时戏剧结构缜密而精巧，艺术上隽永而意味深长。"只有这样的作品才能永留史册，或许有一天我也能自己写出这样的好戏！"于是，曹禺的心中暗暗地种下了一颗渴望写出一部真正的好剧的种子……

不久，机会就来了。张彭春找到曹禺，希望与他共同改编一部西方经典剧作——英国剧作家高尔斯华绥的《斗争》。虽然这个剧本此前郭沫若翻译过，但并不适合中国戏剧的演出方式，张彭春希望按照洪深改译《少奶奶的扇子》的做法，将剧本中国化、本土化，不仅将背景、人名、地名本土化，更要将情节改编得利于中国观众理解和产生共情。曹禺在戏剧方面的造诣和文学功底都深得张彭春赏识，自然放心地将改译重任交于他。经过一个月废寝忘食地研究原著、郭沫若译本以及讨论、揣摩，曹禺最终交出了一份令张彭春刮目相看的答卷。他们最终将这个译本定名为《争强》，一方面有别于郭沫若译本，另一方面也更符合原剧的精神。

高尔斯华绥是二十世纪初英国现实主义文学的代表作家。他虽然出身于富裕的资产阶级家庭，但他却深刻地感受到资产阶级的自私、残暴与虚伪，产生了犀利的批判意识和对底层人民的深切同情。他的《福尔赛世家》三部曲刻画了典型人物索米斯父子、老乔里恩父子等，以福尔赛家族几代人的生活呈现了资产阶级由发展到没落的编年史，福尔赛家族的人们正是马克思所说的"将所有关系变成了纯粹的金钱关系"的人。如在收集名画和古玩时，索米斯考虑的不是其本身的艺术价值，而是其能在拍卖行获取多少利润。甚至在他眼里，妻子没有人格和情感，只是以她独一无二的美貌成为他"一件收藏的玩物"。高尔斯华绥笔下这些自私自利、利欲熏心的"福尔赛们"典型地展现出资产阶级的本性和缺陷，深刻揭露和讽刺了虚伪的"福尔赛精神"。也因此作品，高尔斯华绥在 1932 年获得了诺贝尔文学奖。

　　曹禺笔下周朴园对待妻子繁漪如私人玩物的残暴态度、工人与资本家的针锋相对，这些都与高尔斯华绥的描绘如出一辙，而曹禺接触高尔斯华绥的作品便是从改译其写于 1909 年的《斗争》开始的，这为曹禺以后的创作提供了不少灵感。《斗争》的故事以工人阶级争取自身合法权益、对资本家展开坚决斗争为中心展开，这既是二十世纪初英国资本主义社会尖锐的阶级矛盾的真实展现，也与当时曹禺所生活的中国社会的情况十分相似。曹禺对整个戏剧进行了本土化改编，故事的背景设置为中国的大成铁矿，工人们在领袖罗大为的带领下组织了罢工，要求增加工资、减轻劳动负担。他们坚决的斗争让矿业公司蒙受了巨额损失，董事局开始动摇，主张向工人让步，而董事长安敦一却坚决拒绝，他说："让工人一步，工人就会要求十步。"对工人有怯弱的退让，在他看来只能是"毁坏大家"，并且"毁坏工人们自己"。工人领袖罗大为即便妻子因其罢工冻饿而死，也绝不接受妥协的让步，而要求完全的胜利。罗、安二人坚决的态度让谈判陷入僵局，于是其他董事悄悄派工会代表韩士安绕开罗大为与其他工人代表鲁家治等接触，两方各让一步，达成了互相妥协的决议，于是他们甩掉了工人领袖罗大为和矿场董事长安敦一，签订了复工合同。当罗、安二人赶到时，一切已成定局。

他们二人站在舞台中央，安敦一说："我你两个都是受伤的人。可是做人，应当有骨头的，朋友！"于是二人诧异对视了一会儿，紧紧地握紧了手……

这部剧作既有力地鞭挞了资本主义剥削的血腥罪恶，也触及资本主义社会内部改良主义的弱点和局限，那就是工人阶级以改善工作条件、争取个人权益为目标的斗争都始终无法真正实现工人的解放和社会解放。同时，在曹禺改编的加持下，这部剧作不仅呈现了阶级命题，剧中人物也获得了超越其阶级属性的复杂性格和多元面貌，丰满的人物使剧作获得了超越当下、触及人性永恒命题的审美意蕴。

曹禺在《争强·序》中写道：

> 这篇剧内他用极冷静的态度来分析劳资间的冲突，不偏袒，不夸张，不染一丝个人的色彩，老老实实把双方争点叙述出来，绝没有近世所谓的"宣传剧"的气味。全篇由首至尾寻不出一点摇旗呐喊，生生地把"剧"卖给"宣传政见"的地方。我们不能拿剧中某人的议论当作著者个人的见解，也不应以全剧收尾的结构——工人复工、劳资妥协看为作者对这个问题的答案。因为作者写的是"戏"，他在剧内尽管对现代社会的制度不满，对下层阶级表深切的同情，他在观众面前并不负解答他所提出的问题的责任的。

之所以将剧名改为《争强》也是因为剧中这一对"强项的人物"，即"傲悍的董事长和顽抗的技师"，虽然他们处于不同阶级阵营，但都是有骨气、光明磊落的人物，然而最终两个人都因为过于倔强，他们的意志都没有实现。对此，曹禺概括道："大概弱者的悲剧都归咎于他太怯弱，受不住环境的折磨或内心的纠纷，强者的悲剧多归咎在过于倔强，不能顺应境遇的变迁。两个都是一场凄惨的结果，却后者更来得庄严，更引起观众崇高的情感……这一对强项的人物对他们所遭环境的宰割也只得俯首。"① 从这段序言中不难看出，曹禺此后创作的经典剧作《雷雨》中最典型的人生观和哲思已经跃然纸上。

曹禺后来写出的不朽经典《雷雨》，长期以来都被视为反映阶级斗争的力作。鲁大海领导工人群体与周朴园所代表的资产阶级进行斗争，其斗争的背景和《争强》一样，也是在矿上。在二十世纪八十年代之前，阶级视角几乎成为理解《雷雨》的核心，周萍与继母繁漪的乱伦也被视为对革命意识形态、对推翻封建阶级统治的隐喻。然而，《雷雨》之所以能够成为不朽的经典，正是因为其超越阶级问题的丰富性。其中体现出的对于人性维度的开掘，对于人的存在处境和存在价值的叩问，对

---

① 《争强·序》是曹禺为出版《争强》单行本，于1930年4月所写的一篇序文，署名万家宝。收录于崔国良、夏家善、李丽中编：《南开话剧运动史料（1927—1949）》，南开大学出版社，1993年3月版，第10—13页。

南开新剧团演出《争强》剧照　第一幕

南开新剧团演出《争强》剧照　第二幕

于阶级解放、人的解放和社会解放三位一体的思考，使得这部剧作能够超越特定的时代、超越具体的矛盾，穿越进当下，获得进入每一个人生命当下呈现多义阐释的可能，这也正是文学经典的题中之义，是其拥有经久不衰文学魅力的根本原因。

在《雷雨》中，不难看出《争强》的影响。曹禺不仅承担《争强》改译、编剧的重任，还饰演了重要人物、大成铁矿董事长安敦一。这是一位七十多岁的老人，虽然老态龙钟，但眼睛里闪烁着骄傲坚毅的光，还透着一丝狡黠。曹禺将他傲悍的性格特征呈现得惟妙惟肖，而工人领袖罗大为则由张平群扮演，尤其是他不顾生死地向工人发表猛火一般的大段演说的片段，淋漓尽致地展现了罗大为火一般的性格。另外非常值得铭记的是，《争强》是南开新剧团第一次男女同台演出，南开大学女学生王守瑗、张家印、

曹禺译《争强》单行本

张英元等共同参与演出。王守瑗扮演的安敦一的女儿（也是矿长夫人）虽然是上流社会出身，却十分同情工人，然而工人并不买账，反而对她百般羞辱。这次演出首开男女同台演出的先河，也在中国戏剧历史上留下了浓墨重彩的一笔！

《争强》的演出引来好评如潮，大有万人空巷之势，剧团不得不临时加演。后来曹禺的译本也以单行本的方式向全国发行。《大公报》赞扬此剧："堪称珠联璧合，开该校剧团男女合演之新纪元。"一时间曹禺接受着铺天盖地的夸赞，只有张彭春提醒他，不能光听好听的，也要接受批评——他指的是时任南开大学英语系教师的黄作霖（即黄佐临）发表在《大公报》上的《南开公演〈争强〉与原著之比较》。张彭春说是"批评"，其实是中肯的文艺评论，黄作霖通过与原著的比较，对改译本的优长与不足之处都进行了详尽而具体的分析。曹禺如获至宝，一字一句吸收着这精彩而中肯的评论。他了解到黄作霖刚刚从英国伯明翰大学学成归国，对戏剧方面见解颇深，于是他不满足于仅阅读其文字，第二天便迫不及待地登门拜访。黄作霖热情地接待了他，他们畅谈对戏剧的见解，直到夜幕降临仍意犹未尽……

曹禺与黄作霖的友谊便从这一次谈戏拉开了序幕。通过黄作霖，他还结识了河北省立女子师范学院教授、作家李霁野以及《大公报》《庸报》的文艺编辑，他们常常聚在一起纵论文艺问题，一起探讨萧伯纳、奥尼尔、易卜生、狄更斯等人的作品，还相邀观看了天津中西女子中学表演的莎士比亚喜剧《皆大欢喜》（此版译名为《如愿》），因此又结识了一批热爱戏剧的新朋友。与他们的交往也让曹禺真正开始用理论化的眼光看待此前读过、演过的剧本，认识到剧本艺术水平的高下不仅取决于题材，语言、结构、人物刻画等也都影响着剧本的艺术性。曹禺暗下决心，要从表演转向创作。改译《争强》让曹禺意识到他距离戏剧创作更近了一步，他又先后改译了诺斯·博伊（Neith Boye）的《冬夜》和李·迪克逊（Lee Dickson）与莱斯利（Leslie M.Hiekson）合著的《太太！》。通过改译，他收获了颇多观察人生、刻画人物、结构情节、运用语言方面的技巧和本领，清楚地体会到改译比阅读、演出剧本更能深刻地学习戏剧艺术的规律，达成戏剧对人生的阐释与指导。

爱情不期而遇

《冬夜》和《太太！》不仅锻炼了曹禺的写作技巧，里面的人物、情节也都极大地启发了曹禺对人生、对人性更深刻的理解，极大地启发了他对蘩漪、陈白露等形象的构思。更重要的是，他开始暗下决心改变中国戏剧创作只重"演"而不重"读"的弊端。当时甚至有的戏剧只有演出幕表，连完整的剧本都没有。曹禺认为剧本不光是指导表演的，也是给人阅读的，应该具有文学性，要创作经得起推敲、场景描绘和语言都更为精练、经典的剧本，而这些在中国戏剧创作中还远远未被重视。曹禺终于明白了自己未来的路该怎么走，明白了自己内心真正的渴求是什么——

"我要写一个戏！"

这是此时曹禺心底无法压抑的声音！

然而这时候曹禺最依赖的恩师张彭春即将赴美为南开大学筹款，他的心中仿佛顿时要失去主心骨一般，再加上曹禺升入南开大学后就读的政治系实在非他兴趣所在，于是他在张彭春临行时终于向他倾吐了内心的苦恼。张彭春虽然不舍得这个优秀的学生，但为了曹禺的发展，还是鼓励他可以尝试报考清华大学西洋文学系，进一步增进其在戏剧、文学方面的造诣。曹禺和好友孙毓棠、成己等八个人决定一起报考，他们当着张伯苓的面立下"军令状"，不考上清华，绝不回来！张伯苓看到连连称赞："好好好，有我们南开人的志气！"

终于，经过废寝忘食的苦读，1930 年 9 月，曹禺以第一名的成绩考入清华大学西洋文学系二年级，孙毓棠考进历史系，成己考入土木工程系，其他人也都顺利考入。在演戏方面已经小有名气的曹禺一进入清华便成为校园明星，在迎新晚会上他被推举导演了戏剧《自然》，并担任了戏剧社社

获外国语文文学学士的曹禺　郑秀

长。转年清华二十周年校庆上，曹禺又领衔主演了他的名剧《娜拉》，自然又是好评如潮。在观众席中，有一个还在读中学的小女孩，她痴痴地望着台上拼命冲破枷锁的娜拉，心里产生了无尽的敬佩，对这位演员也充满了钦佩。散戏后，她央求成己引荐她结识"娜拉"。当曹禺换下戏服站在她面前时她惊呆了，她不敢相信面前这位穿长衫戴眼镜、文弱清瘦的书生就是舞台上那个充满爆发力的娜拉。然而不知怎的，一种亲切感却在两人之间滋生。这个女孩就是郑秀，爱情就在这一次见面中不期而遇。

　　第二年，郑秀也考上了清华大学，并加入了戏剧社。曹禺喜不自胜，终于有机会与她接近了。1933年春，曹禺指导清华戏剧社排演高尔斯华绥的《罪》，特邀郑秀出演女主角汪达。该剧的上演轰动了清华，两个人在戏中饰演情侣，在戏外也燃起了爱情的火花……

04

渤海之滨

偶戏剧中的天津

我也知道有许多勇敢有为的青年，他们确实也与方达生有同样的好心肠，不过他们早已不用叹气、空虚的同情来耗费自己的精力，早已和那帮高唱着夯歌的人们联系在一起，在《日出》那一堆"鬼"里就找不着他们。所以可怜的是这帮"无组织无计划"，满心向善，而充满着一脑子的幻想的呆子。他们看出阳光早晚要照耀地面，并且能预测光明会落在谁的身上，却自己是否能为大家"做一点事"，也为将来的阳光爱惜着，就有些茫茫然。我若是一个理想的观众——自然假设这个戏很荣幸地遇见一位了解它的导演，不遗余力认真地排出来——演到末尾方达生听不见里面的应声，"转过头去听窗外的夯歌，迎着阳光由中门昂首走出去"，我想落在我心里将是一种落寞的悲哀，为着这渺小的好心人的怜悯，而真使我油然生起希望的还是那浩浩荡荡向前推进的呼声，象征伟大的将来蓬蓬勃勃的生命。

——曹禺《日出·跋》

经历了南开园中一系列的戏剧启蒙，曹禺内心懵懂的创作欲望和构思终于即将付诸实践。他用了整整五年时间构思剧本、琢磨人物，每次阅读或表演了新作品，他就思考一次如何丰富自己笔下的人物，酝酿得成熟些，再成熟些……终于，到了1933年暑假，酝酿的果实终于成熟落地，曹禺一鼓作气，挥毫书就了中国现代戏剧史的高峰——《雷雨》。

《雷雨》涤旧世

曹禺晚年谈到《雷雨》的创作时说：

写《雷雨》，大约从我十九岁在天津南开大学时动了这个心思。我已经演了几年话剧，同时改编戏、导演戏。接触不少中国和外国的好戏。虽然开拓了眼界，丰富了一些舞台实践和做剧经验，但我的心像在一片渺无人烟的沙潮里，豪雨狂落几阵，都立刻渗透干尽，又干亢燠闷起来，我不知怎样往前迈出来难的步子。

我开始日夜摸索，醒着和梦着，像是眺望时有时无的幻影。好长的时光啊！猛孤丁地眼前居然从石岩缝里生出一棵葱绿的嫩芽——我要写戏。

我觉得这是我一生的道路。在我个人光怪陆离的境遇中，我看见过、听到过多少使我思考的人物和世态。无法无天的魔鬼使我愤怒，满腹冤仇的不幸者使我同情，使我流下痛心的眼泪。我有无数的人像要刻画，不少罪状要诉说。我才明白我正浮沉在无边惨痛的人海里，我要攀上高山之巅，仔仔细细地望穿、判断这些叫作"人"的东西是美是丑，究竟有怎样复杂的个性和灵魂。

虽然《雷雨》最终完成时，曹禺已经转学到清华大学，但其创作与天津文化的滋养和其在南开园中的酝酿却关系十分密切，甚至可以说，没有天津，便没有《雷雨》。

《雷雨》中处处流露出天津形象，充满了天津元素。周家仆人鲁贵的家的原型是天津老龙头火车站，也就是原天津火车东站。该站于1987年改扩建，1988年竣工，邓小平亲笔题名为"天津站"。

老龙头火车站可谓历尽沧桑，如同《雷雨》中的大家族一般经历了辉煌与落寞。老龙头火车站始建于1886年，是全国最老的火车站之一，建于货运繁忙的海河岸边，虽然最初只有一处站台和几间简陋的公事房，但是随着运输地位越来越重要，并接待了慈禧太后奢华的御用东巡列车，老龙头火车站逐步扩建，在季家楼、火神庙两村附近又兴建了新客运站，颇有一番气象。然而，这也使得它成为八国联军入侵天津时重要的打击目标。1900年6月15日晚，八国联军和义和团在老龙头火车站展开了激烈的争夺战，天津义和团吕祖堂坛口首领曹福田率领数千义和团战士与八国联军激战了十余个小时。义和团尽管武器落后，但人人英勇无畏、奋力冲杀，终使八国联军"皆高挂白旗，以示不战"。但曹福田识破这是敌人的缓兵之计，便没有给对方喘息的机会，继续搏杀，歼敌五百余名。后来，老龙头火车站"几度易主"，义和团与八国联军攻守转换多次，战斗一直持续到天津城陷落之前。一位西方记者评论这场战斗时说："华人此次甚勇敢，为从来所未见，向尚不信其有此耐战之心，目下观之，彼等之勇猛及耐心之处，较被围西人之心更胜矣。"

八国联军侵华时老龙头火车站被破坏

　　还有《雷雨》中令人难忘的"周公馆"，它既是一个经典场景，又是象征着沉闷的家庭氛围和封建精神压抑的典型意象。"周公馆"便是曹禺从小生活的万公馆的再现，这所大房子中透露的所有压抑和伤感氛围或许都来自曹禺从小的真实经历。其实不仅是曹禺长大的这所公馆留下了众多令人唏嘘的故事，用曹禺的话说，当时的每一座大宅子里每天都在上演戏剧般的故事。曹禺父亲的把兄弟周学辉居住的位于当时英租界的周公馆也为曹禺创作《雷雨》提供了不少素材和灵感。周学辉的四哥周学熙是拥有开滦煤矿等资产的实业家，他的开滦煤矿办公大楼至今仍巍然屹立在天津市中心的泰安道上。这一身份与周朴园矿主的设定不谋而合。虽然读者和研究者们都认为从周朴园身上也能够清楚地看到曹禺父亲万德尊的一些影子，但曹禺从未在公开场合承认过。但至少曹禺承认《雷雨》中人物的原型都来自他随父亲在天津生活时的交往、观察和阅读。他提到过的周朴园原型是原北洋政府农商总长兼教育总长齐耀珊，曹禺称之为"大军阀大官僚"。直奉战争后，齐耀珊去职迁居天津，任农商银行总经理。曹禺说："齐耀珊这个人使我看到了周朴园的脸，脸上泛出银白色的光。你看看我在《雷雨》里对周朴园的描绘，就知道齐耀珊的脸是什么样的了。"①齐耀珊的手下还曾有意为曹禺和齐耀珊的女儿保媒，被曹禺父亲妙用成语"齐大非偶"婉拒，意思是齐家门高势大，万家高攀不起。然而齐耀珊却是曹禺父亲万德尊去世后极少的几个没有换上一副冷漠嘴脸对待曹禺的人，他还在葬礼上为万德尊"点祖"，即德高望重的有福之人为已故之人的牌位题字，为后代祈福。对受遍冷眼的曹禺来说，他对齐耀珊的感情是很复杂的，对以他和父亲为原型塑造的周朴园的情感也是十分复杂的。

在通常的理解中，周朴园是残暴、冷酷的资本家和封建大家长，然而真正深入曹禺的原作，尤其是"序幕"和"尾声"，能够清晰地触摸到曹禺对周朴园复杂的情感和深深的"同情之理解"，以及他身上所蕴含的无法解脱的悲剧性。剧中的所有人物，似乎都在为了摆脱自己命运的不幸而奋力抗争。"周萍悔改了'以往的罪恶'。他抓住了四凤不放手，想由一个新的灵感来洗涤自己。但这样不自知地犯下了更可怕的罪恶，这条路引向死亡。繁漪是个最动人怜悯的女人。她不悔改，她如一匹执拗的马，毫不犹疑地踏着艰难的老道，她抓住了周萍不放手，想重拾起一堆破碎的梦而救出自己，

---

① 田本相：《苦闷的灵魂——曹禺访谈录》，江苏教育出版社，2001年1月版，第120页。

但这条路也引到死亡"。[1] 而周朴园不同，表面上看，他一直处于主导地位，拥有自由选择的机会，从与鲁侍萍相恋生子到抛弃之而选择门当户对的小姐，再到现在家庭中的绝对话语权，他都拥有不容置疑的绝对权力。然而，他也无可奈何地坠入宇宙这口"残酷的井"中，他的境遇正如黑格尔所说："真正的悲剧动作情节的前提需要人物已意识到个人自由独立的原则，或是至少需要已意识到个人有自由自决的权利去对自己的动作及其后果负责。"周朴园的清醒和主导甚于剧中的任何一个人，他的每一步选择都是自由意志的结果，但却也不可救药地陷入了命运的泥淖。这不得不说是《雷雨》对于人类生存悖论的最深刻洞察之处，也是其悲剧性最令人动容之处。

曹禺在《雷雨·序》中说到，《雷雨》所写的故事并不是"因果报应"，而是对于人类无法掌控自己命运的怜悯：

> 写《雷雨》是一种情感的迫切的需要。我念起人类是怎样可怜的动物，带着蹒跚满志的心情，仿佛自己来主宰自己的命运，而时常不能自己来主宰着。受着自己——情感的或者理解的——捉弄，一种不可知的力量的——机遇的，或者环境的——捉弄。生活在狭的笼里而洋洋地骄傲着，以为是徜徉在自由的天地里。称为万物之灵的人物，不是做着最

---

[1] 曹禺：《雷雨·序》，《曹禺全集》第 1 卷，花山文艺出版社，1996 年 7 月版，第 8 页。

愚蠢的事吗？我用一种悲悯的心情，来写剧中人物的争执。我诚恳地祈望着看戏的人们，也以一种悲悯的眼来俯视这群地上的人们。

而周朴园在其中最为典型，他所处的困境全部是自主选择的结果，然而自主选择后仍不可避免的悲剧才最具悲剧性，这也更深入地诠释了《雷雨》对于命运残酷性的理解，存在主义对于自由意志的强调和不信任在周朴园身上得到了突出的体现。周朴园的悲剧性并不仅在于其是革命时代背景和社会伦理冲突的结果，而是归因于"自由意志往往加深了而不是避免了人类的生存困境"这一深奥的哲学命题。周朴园最终回归"枯涩"的生命状态和"准宗教"救赎，正是这一现代性生命悖论无解的无奈选择。

亚瑟·叔本华曾说道："大家都相信自己先天是完全自由的，甚至涵盖个人行动，而且认为在任何时间他都可以开始另一种生活方式。但后天，从经验上，他会惊讶地发现自己并不自由，而是受制于必需品，而且不顾他的所有决心，他无法改变自己的行为，而这就形成从他生命开始到结束的生活，他必须扮演自己谴责的角色。"事实恰恰是这样，《雷雨》中的每一个人物都有能力做出自主的选择，然而越是挣扎，越是陷入不可自拔的悲剧之中，成为自己所谴责的角色。可以想见，剧中周朴园所维护的，正是他年轻时激烈反抗过

天津人艺《雷雨》往期剧照　天津人民艺术剧院供图

的生存秩序——他也曾反抗封建家庭，与美丽的女仆鲁侍萍相恋相爱；也曾留学德国，追求过最先进的民主思想——然而一系列自由选择的结果，却不由自主地形成了"合成谬误"，最终他仍不可避免地成了自己年轻时所谴责的角色。

在周萍身上，我们仿佛看到了哈姆雷特般的延宕，他勾引继母和带四凤出走都代表着他想毁灭旧生活的强烈的"弑父冲动"，然而他却在不停地游移、延宕、左右为难。周萍无法冲破既有的生命状态和由"自然的法则和宇宙的残忍"规定的生命秩序——可以想见，即使父亲没有出现，他的出走也未必能够成行——周萍最终将无可避免地成长为自己的父亲般的角色，周朴园的今天或许就是周萍的明天。即便纯洁、天真如周冲，等待着他的也只有重复他父兄的生命轨迹。"周氏父子的生活轨迹构成了一组饶有意味的循环，作为有产者的周朴园、周萍、周冲都未能逃脱文化给人布置的生命怪圈，他们父子三人三位一体，构成了人成长过程中难以撼动的一种秩序。"

《雷雨》的"序幕"和"尾声"很少被搬上舞台，而这恰恰是曹禺最珍视、最能展现其思想与情感的部分。天津人民艺术剧院曾与王延松导演合作复排了还原"序幕"与"尾声"的《雷雨》，更加贴近了曹禺的精神以及悲天悯人的大师情怀——在这版中，周朴园很多时候坐在舞台的一角，活着，如同死了，却不得不见证自家的悲剧。序幕中，蘩漪和鲁侍萍都生活在这所大房子中，一个疯了，一个傻了——"周朴园守候着一个疯子和一个痴呆患者，都是他爱过的。他到底在守候着什么？可能不仅仅是残酷的结局。"在戏剧的最初，周朴园便被奠定了无奈并略带温情的基调，传统意义上的家庭暴君形象已经不复存在，取而代之的是一个有着坚硬灵魂和救赎情怀的平静老人。《雷雨·序》中的一句话借用于形容周朴园恰如其分："难以控制的情绪力量，又恢复到古井似的平静，但平静是丰富的，如秋日的静野，不吹一丝风的草原……"

因为戏剧演出的原因，很多人认为《雷雨》的结局便是雷雨夜的那一出悲剧，事实上曹禺先生还写了一幕"尾声"——来到那幕悲剧十年后，一个冬日下午，周朴园与他的两个女人并排端坐在舞台前沿，讲述自己的命运。蘩漪的"疯"和鲁侍萍的"痴"，让她们都从那场悲剧中解脱了出来，而只有清醒的周朴园是这场悲剧的见证者和最终承受者。疯和痴在文学上都具有强烈的控诉意味，悲剧的情感因素由此被释放到极致，而周朴园的平静却指向了悲剧的另一极，即理性和反思。这种平静也具有极强的象征性，仿佛余华《活着》中垂暮的福贵，在深刻感受过命运的残酷无常后，归于平静的反思和顺从的救赎。在经历了一场"连男带女死了三人"

的雷雨之夜后，曹禺没有让周公馆如爱伦·坡笔下的厄歇尔府一样轰然倒塌，从人类精神极端恐怖的状态下探寻人类的

天津人艺《雷雨》往期剧照　天津人民艺术剧院供图

精神重生，开出一朵荷尔德林意义上的"蓝花"，而是让周公馆的一切归于平静，让亲历这一切的周朴园寻找救赎与重

生之路。表现悲剧的可悲与可怖都不是曹禺的最终目的，唤起人类的悲悯之心、透过死亡而看见重生，才是曹禺最终的追求。而重生的希望到底在何处？或许，重生的希望正在于这个反思者——周朴园。

1933 年 8 月底，《雷雨》终于完稿。经过深思熟虑，曹禺决定将手稿送到自己在南开中学结识的好朋友章方叙那里。1922 年，曹禺考入南开中学从初中二年级插班读起，一年后，章方叙也考入南开中学。章方叙更为人熟知的名字，是日后《文学季刊》的文学编辑靳以。从中学时起，二人便建立了深厚的友谊，随后还成了磕头换帖的把兄弟。于是《雷雨》被送到《文学季刊》，另一位编辑巴金如获至宝、爱不释手，连夜读完便推荐给了总编郑振铎。于是，1934 年 7 月，《雷雨》在《文学季刊》第三期全文发表，从那一刻起，中国现代最伟大的戏剧剧本横空出世，犹如一声惊雷震撼了中外文坛。

《雷雨》剧本甚至引起了日本学者的关注，武田泰淳、竹内好两位日本青年学者很快将其推荐给在日本留学的杜宣。1935 年 4 月，杜宣等中国留日学生以"中华话剧同好会"的名义在东京神田一桥讲堂举行《雷雨》首场公演。《雷雨》在日本公演后很快引起国内演艺界的关注，天津市立师范学校的孤松剧团和中国旅行剧团先后排演，使得《雷雨》的影响在全国迅速扩展。鲁迅不吝称曹禺是与郭沫若、田汉、洪深比肩的"最好的戏剧家"。尤其是中国旅行剧团在全国各大城市演出后，茅盾就曾以"海上惊雷雨"称赞当年的盛况——自此，戏剧史进入了"雷雨时代"！

1935 年，曹禺（前右）、靳以（后右）、萧乾（后中）等在天津留影

"登山看《日出》"

曹禺的第二部伟大剧本《日出》写成于 1936 年，那时曹禺已经完成了清华大学西洋文学系的学业回到天津，在河北省立女子师范学院任教。在清华，曹禺有幸拜在了另一位戏剧大师王文显先生门下，追随他学习"外国戏剧"和"莎士比亚研究"两门课程，进一步增进了戏剧方面的造诣。同时，在二十世纪三十年代的清华园中，曹禺更清晰地感受到时代的洪流。九一八事变后，曹禺不仅加入了清华"反日运动委员会"，还亲自赴古北口抗日前线进行慰问，他越来越强烈地感受到对强权与不公的痛恨，在战争中他更深深悲悯人类的渺小与无力，"灼热我的情绪，增强我的不平之感"……

1934 年 9 月，曹禺回到天津，到河北省立女子师范学院任教。"我教英文，教点《圣经》文学，讲英国文学史，也教莎士比亚，教西洋小说史，还教点法文，从字母教起。什么都敢教。那时年轻胆大，什么课都敢接。"曹禺是经过好友杨善荃的介绍来此任教的，而系主任正是他通过黄作霖结识的同样热爱戏剧的作家李霁野。他们不仅在一起畅谈文学与戏剧，甚至连住都在同一间宿舍。曹禺有时回家看望母亲，但多数时间都住在学校里，"我住的房子很小，在楼上，一间一间的，住的都是教师。房间的陈设简单极了，一个平板床，一个书桌，一把椅子。李霁野先生同我住在一起。霁野的夫人，是我的学生"。正是在这里，曹禺白天教课，晚上便写作《日出》。

河北省立女子师范学院的前身是北洋女师范学堂，1906 年于天津市河北区三马路三才里西口创建，创办人是我国近代著名藏书家、清政府天津女学事务总理傅增湘。1910 年，学校迁到河北区天纬路。1912 年春，校名改为北洋女师范学校。1913 年，学校改为省立。此后，校名先后改为直隶第一女子师范学校（1916）、河北省立第一女子师范学校（1928）、河北省立女子师范学院（1929）、河北师范学院（1949）。抗日战争期间，学校西迁，在西北办学，抗战胜利后于 1946 年在天津原址复校。

1949 年，中华人民共和国成立之际，原河北省立女子师范学院改名为河北师范学院，随后经历全国院系调整，1980 年正式定名为天津美术学院。

虽然《日出》是在巴金等人的不断央告和催促下开始写作的，但也实实在在是曹禺对人生与社会思索的集成。从小到大，曹禺见识了太多命运的起落和人生的苦楚，后来的读书与演戏的积淀更让他在不同的戏剧人生中体味了更多人性的复杂和宇宙的残忍。关于为什么要写作《日出》，曹禺在《日出·跋》中写道：

> 我应该告罪的是我还年轻……这些年在这光怪陆离的社会流荡着，我看见过多少梦魇一般可怕的人事，这些印象我至死也不会忘却，它们化成多少严重的问题，死命地突击着我，这些问题灼热我的情绪，增强我的不平之感……而自己又不甘于模棱地活下去，于是便如痴如醉地陷在煎灼的火坑里……

天津河北省立女子师范学院原址旧照

这样我挨过许多煎熬的夜晚，于是我读《老子》，读《佛经》，读《圣经》，我读多少那被认为洪水猛兽的书籍。我流着眼泪，赞美着这些伟大的孤独的心灵……但我更恨人群中一些冥顽不灵的自命为"人"的这一类的动物……我要喊："你们的末日到了！"对这帮荒淫无耻，丢弃了太阳的人们。

"然而就这样慌慌张张地开始你的工作吗？"我的心在逼问着我……我求的是一点希望，一线光明。人毕竟是要活着的，并且应该幸福地活着。腐肉挖去，新的细胞会生起来。我们要有新的血，新的生命。刚刚冬天过去了，金光射着田野里每一棵临风抖擞的小草，死了的人们为什么不再生起来！我们要的是太阳，是春日，是充满了欢笑的好生活，虽然目前是一片混乱。于是我决定写《日出》。

天津作为一座现代都会与码头文化交相呼应的城市，这里的三教九流、光怪陆离是曹禺观察社会的绝佳蓝本。曹禺曾说《日出》一剧的创作，灵感和蓝本完全在天津，"地点也可以说基本是在天津惠中饭店，另外是南市三不管一带的地方，那里有很多妓院。翠喜、小东西是确有其人的。"[①]

惠中饭店的原址在今天天津的滨江道上，1928年动工兴建，1930年建成，次年开业。惠中饭店的名称取"秀外慧中"之意。饭店主体五层，局部六层，顶部正中是

① 《回忆在天津开始的戏剧生活》，《天津日报》，1982年3月14日。

惠中饭店旧址

惠中饭店街景

一座三层塔楼，呈现出俯视众生的视觉效果，因此惠中饭店又有"空中花园"的美誉。惠中饭店建成后便成了当时的地标性建筑，其中的中、西餐厅和舞厅、屋顶花园使得惠中饭店以餐饮和娱乐享誉津门，成为当时交际花名媛、富商们流连忘返之地。

曹禺也时常到那附近听侯永奎唱昆曲，听刘宝全唱京韵大鼓，每一次都听得如痴如醉。另外，写《日出》的起因之一，还有一种说法是当时惠中饭店一名交际花的自杀和随后的著名影星阮玲玉之死给了曹禺相当大的触动。1935年10月，中国旅行剧团于天津英租界新新影院首演《雷雨》，团长唐槐秋邀请曹禺下榻惠中饭店，让曹禺有机会在这所传奇大饭店中近距离地观察"陈白露们"。而就在当月，一个常年客居惠中饭店的交际花，因靠山破产自杀了，曾经周旋在她身边的各色人等瞬间作鸟兽散。听闻这一消息，让曹禺联想到前一年仅二十二岁的明星影片公司女演员艾霞因不愿"随俗浮沉，同流合污"服毒自尽。联华影片公司在一年后便拍出了以艾霞为素材的左翼影片《新女性》，然而正当此片轰动之时，其主演阮玲玉却因"人言可畏"而服毒玉殒……红颜命短的悲剧和围绕于她们身边醉生梦死、蝇营狗苟的众生相让曹禺恨透了那个"损不足以奉有余"的社会，于是，《日出》应运而生。该剧以抗日战争全面爆发前的天津为背景，以善良与虚荣并存、集光明与黑暗于一身的"交际花"陈白露为中心，勾勒了形形色色的人的平庸、堕落、痛苦与挣扎，有力地鞭挞了那个"损不足以奉有余"的社会。

《日出》的女主人公陈白露在学生时代对未来充满着美好的憧憬，内心是简单而纯净的，心里只有对家人的关心、对恋人的关爱、对自己的欣赏。但当她被这个社会折磨得面目全非的时候，当她变成了交际花陈白露的时候，她的内心是复杂的，甚至是异常痛苦的。她将男人玩弄于股掌之间，看似快乐而自主，实则她才是被命运玩弄于股掌之中的人——她的命运早已被无形的枷锁捆绑在那旅馆当中了，她越想逃离便陷得越深。在她内心深处，有着对光明和自由的期待，有着对善良正直的坚持，可是在当时的社会，这些并不能换取她的生存，所以，面对金钱，她只能用纸

天津人艺《日出》往期剧照　天津人民艺术剧院供图

醉金迷的生活来麻痹自己，但她又无法真正舍弃心中的善良，这样的矛盾最终将她拖垮，在现实的堕落和内心的善良无法平衡的痛苦中死去……

陈白露也曾受过新思潮的洗礼，是典型的娜拉式新女性，然而正如鲁迅先生的"预言"，等待她的是堕落的命运。与她相对的李石清的太太是典型的传统妇女的代表，在家里，李太太完全沦为生育工具与保姆的结合体；在外面，她又要极力照顾丈夫的颜面，如同李石清的影子般寸步不离、唯命是从，不得有半点差池。可见其无论在家里家外，都要受丈夫的支配，毫无自主决策能力。在未经丈夫授意之前，即使自身极不情愿，她也不敢私自做半分主。在李太太身上，淋漓尽致地展现着当时社会绝大多数传统女性的群像特征。陈白露和李太太虽然看似截然不同，但她们恰恰是当时社会女性形象的一体两面——"要么堕落，要么回来"。她们虽然都曾试图反抗过命运的枷锁，但命运的巨掌却活生生地将她们压入无边的黑暗，即便日出就要来了，而习惯了黑暗的她们却注定要被埋葬在日出之前的黑暗中……

此外，底层女性翠喜和小东西等人的命运更是令人唏嘘。事实上，曹禺的生活经历使他并未真正接触过底层社会中被压迫和摧折到深渊中的人们，但是戏剧家那种强烈的悲悯和同理心让他对底层社会的人们有着深深的理解和共鸣。他笔下的翠喜"大约有三十岁左右，一个已经为人欺凌蹂躏到几乎完全麻木的动物。她并不好看，人有些胖，满脸涂着粉，一双眼皮晕晕地扑一层红胭脂，头发披在肩上，前额一块块的故意掐成的紫痕，排列整齐如一串花瓣，两个太阳穴更红紫得吓人。她穿一件绛红色的棉袍，套上一件绒坎肩，棉鞋棉裤，黑缎带扎住腿。她右手里一只烟蒂，时而吹一下灰放在口边，时而就用那手指搔弄自己的头发"（《日出》第三幕）。其实曹禺之前从未真正接触过这些备受侮辱和损害的底层女性，为了写出底层人民的真实辛酸，他多次跑到南市"三不管"和天津其他贫民区接触底层人民、收集资料。那段时间，曹禺只要一有闲暇就跑到贫民区去悄悄观察，亲眼看到了底层风尘女子的可怜可悲。她们站在街上揽客，老鸨子就站在不远处看管着她们，大多数时候，路人并不理她们，但她们也时常遭受一顿辱骂，或者被路人"耍流氓"羞辱一番。"那不是人过的日子。四马路多得很，是人间最黑暗也是最悲惨的角落"。后来曹禺还到了四川的花街看到了同样悲惨的景象：每个路口都有流氓把守，防止这些风尘女子逃跑，这些风尘女子吃喝拉撒都在街里，生活用水只有街上的几个脏水坑。"女人得了花柳病，月经，梅毒，都是用这水坑里的水。快死的时候，喝着那些坑里的水死去了，实在是叫人惨不忍睹，令人太难过了！"曹禺通过自己的观察写下了厚厚一大本观察笔记，专门记录和分析这些底层人民的生活，以至于他晚年回忆时，仍然对这些悲惨的情景历历在目……曹禺对翠喜怀有无尽的同情，认为她是在一堆"人类的渣滓"里仍有一颗"金子似的心"。翠喜虽然生活在地狱里，虽然也沾染了地狱中的各种坏习惯，但她有一副好心肠。她出卖自己的肉体，忍受非人的蹂躏，是为了养活自己一家老小，她对

天津人艺1962版《日出》剧照　天津人民艺术剧院供图

那些比自己更加悲惨无告的人怀有最强烈的同情。翠喜的善良更加凸显了她悲惨的命运并非其自甘堕落所致，而是社会的不公与压迫使然——她越想努力生活，反而堕落得越深……

　　曹禺去观察生活的南市"三不管"一带，是当时天津有名的三教九流会聚之地，与北京的天桥、南京的夫子庙齐名。那一带临近当时的日租界，摆摊售货、杂耍"撂地儿"的人在此聚集。日本本来想把这里也纳入自己的租界，却一直没能如愿，而当时的天津当局也不敢管、不愿管这块地方的事，于是这里白天人来人往、叫买叫卖，夜里灯红酒绿、锣鼓喧天，流氓地痞、三教九流都在南市逞凶作恶，形成了"乱葬岗子没人管，打架斗殴没人管，坑蒙拐骗没人管"的"三不管"之地。深入这样一个鱼龙混杂的复杂之地，曹禺自然也遭遇过惊心动魄的危险。有一次他独自跑到一家下等风月场所，穿着并不像嫖客，还拿着纸笔记录他和风尘女子们的对话，于是被风月场所的"大茶壶"怀疑是警察的探子，带着打手一路追打，直追着他跑到意租界的邹公馆，躲进相熟的邹家才得以逃脱。还有一次他在一个"鸡毛店"里遇见几个吸食大烟的叫花子，便殷勤地上前向他们询问各种内幕门道，还想同他们学唱"数来宝"。因为问得太过仔细，叫花子们以为他是卧底的侦缉队员，拿着凶器猛地向他刺来，差点刺瞎了曹禺的眼睛……正是这些"冒险"成就了他在《日出》中对备受侮辱压迫的底层人民的生活刻画得入木三分。

老天津南市"三不管"旧照

在《日出》的最后，陈白露说："太阳升起来了，黑暗留在后面。但太阳不是我们的，我们要睡了。"当陈白露缓缓倒在黑暗中时，远处响起来天津码头工人们高亢洪亮的"夯歌"——

日出东来，漫天大红！

想要得吃饭，可得做工！

这正是曹禺对未来"日出"的理解和向往，一个用劳动换取尊严的新世界，像"一个大生命浩浩荡荡地向前推，向前进，洋洋溢溢地充满了宇宙"。这里的砸夯和夯歌便是地道的天津码头文化。旧社会劳动人民在码头边讨生活极为辛苦，那时盖房子打地基、修河道都没有机器，只能靠工人们抬着一块大铁饼，分四个方向系绳，由四个人用力举起，然后砸下，随着一声一声的夯声，一边劳动一边唱，一般都是一人领唱众人合唱，歌曲的节奏感往往都很强，能够协调动作，大大激发工人的干劲。这其实是劳动号子的一种，我国各地都有典型的劳动号子，产生于集体劳动过程之中。不同地方音乐特点、不同语言特点、不同劳动工种节奏，也形成了劳动号子的地域特征。上面提到的夯歌就极具天津地域特色，他们唱的都是一段段故事，也有即兴打趣的内容。曹禺常常跑到工地、码头上去看、去听，有时候一停留就是两三个小时……

"《日出》最后，工人唱的夯歌，是我把工人请来，就在师范学院里，我把陆以循也请来做记录。工人唱着，他记录下来，稍加整理，就谱写出来了……"曹禺回忆道。1981 年 2 月 17 日，曹禺在与北京人民艺术剧院《日出》剧组谈话时曾讲："夯歌的歌词是我创作的。它代表一种新型人物，这就是工人。演出中，一定要谱出一曲好的、真正的夯歌，不一定用刊在剧本中的曲谱。"而曹禺所说的当时刊在剧本上的夯歌，是由曹禺作词、石挥制谱的《打夯歌》，刊在 1940 年的《369 画报》上。

石挥也是当时的著名演员，是土生土长的天津人。经过这两位从天津走出去的艺术家的精诚合作，当年《日出》中演出的夯歌尽显津味，也显示了曹禺对于新世界、新的更有朝气的生活的向往……

曹禺作词、石挥制谱的《日出》主题曲《打夯歌》

《原野》，超越现实主义的诗意思考

写完《日出》后，曹禺再度陷入了迷茫。虽然在河北省立女子师范学院有很多志同道合的朋友，开课和写作都有相当大的自由，但是到了1936年，曹禺最终还是想要离开天津。他与爱人郑秀商量着想要出国，准备到西欧去，想先去德国，再找寻机会去美国。"天津待不下去了，气氛不好。那时天津到处是衣衫褴褛的人，三九天披着麻袋片，饿殍遍野，于是决心离开天津。"[1] 不仅如此，在侵华日军的步步紧逼下，华北局势也越来越紧张，天津城内总能听到侵华日军刻意挑衅的枪炮声，到处人心惶惶，街上随处可见废墟和流民……然而，这些记忆和景象虽然让曹禺痛苦不堪，但也是强烈地刺激曹禺在离开天津后的1937年写作另一部不朽著作《原野》的主要原因。

最终曹禺没有出国，因为南京国立戏剧专科学校的余上沅先生极力邀请曹禺南下。南京国立戏剧专科学校于1935年刚刚成立，著名戏剧教育家、理论家，"国剧运动"倡导者余上沅担任校务委员兼校长。他以"研究戏剧艺术，培养戏剧人才"为办学宗旨，正从全国乃至世界各地网罗戏剧及

---

[1] 田本相：《苦闷的灵魂——曹禺访谈录》，江苏教育出版社，2001年1月版，第61页。

余上沅

文学艺术名家任课，自然早已注意到了曹禺这位青年才俊。他给曹禺发出一封又一封的电报和信件，终于在几次三番的诚恳邀请下，曹禺暂时放下了出国的想法，来到南京任教。在那里，曹禺结识了田汉、欧阳本义（即阳翰笙）、石蕴华（即扬帆）、欧阳予倩、马彦祥等著名戏剧前辈、大家，以及美国戏剧家亚历山大·迪安等，曹禺与他们谈戏、教戏、排戏、写戏，度过了一段愉快的艺术时光。

在南京，曹禺与郑秀举行了订婚仪式，邀请余上沅等证约。彼时已经是戏剧界执牛耳者的田汉——戏剧界同仁都称其为田汉老大——也送来了亲笔题诗祝贺：

女以男为家，男以女为室。

室家至足乐，国亡乃无日。

万兄殆国宝，英年擅写实。

揭出黑漆团，病者可讳疾。

从来舞台上，非无救亡术。

时局虽万变，出路只有一：

不与强敌战，无由脱桎梏！

携手火线下，美兄得良匹，

从容画蛾眉，且待战争毕；

譬如《雷雨》后，登山看《日出》！

一句"譬如《雷雨》后，登山看《日出》"道出了所有人对新世界向往的心声，由田汉的高度肯定也能看出曹禺这两部剧作在戏剧界的分量。

虽然在南京暂时远离了日军的炮火，但诚如田汉所言，战争的阴影笼罩着整个中国。南京也非世外桃源，并且国民党统治下的"白色恐怖"一天也没有停止。曹禺在南京的住所斜对面就是国民党南京第一模范监狱，犯人中有很多是国民党逮捕的共产党人，其中便有陈独秀。曹禺有时路过便能看到犯人们做苦工的惨状，夜深人静时更彻夜回荡着犯人们愤怒的哀号……这一声声哀号像重锤一样敲击着曹禺的内心，使他备受折磨。

这一声声哀号常常把曹禺的思绪拽回他儿时在天津夜半听到哀号声的1917年。那一年，海河流域发生了罕见的特大洪水，据当时《申报》记载："查水之始至也系在夜半，顷刻之间平地水深数尺，居民或睡梦未觉，或病体难支，或值产妇临盆，或将婴儿遗落，老者艰于步履，壮者恋其财产，致被淹毙者实已有二三百人，而其逃生者亦皆不及着衣，率以被褥蔽体，衣履完全者甚属有限。"天津位于海河下游，水系支流众多，每到夏季汛期来临的时候，各条河流同时涨水，而入海口却很小，水不能及时排出去，从而形成海河流域一带的洪涝灾害。而这一年雨季来得比往年更早，暴雨几乎连下了两个月，河床被抬高了好几丈。从 7 月底开始，海河水系各条河流开始泛滥，相继决堤，一时间天津城内和周边县城相继被淹，农田房屋被摧毁无数，流民只能四散奔逃。最可怕的是直到秋天洪水还没有退去的迹象，数十万天津贫民和从周边县市涌来避难的十二万难民，只能生活在仅有的几处没被洪水淹没的高地上，人们抢出的生活物资都狼狈地堆在一起，因为夏天的潮热而蚊虫滋生，周围的水里漂浮着各种杂物、垃圾、粪便、动物尸体甚至人的尸体，到处都臭气熏天、哀鸿遍野……曹禺在访谈录中回忆道："我记得有一年，天津发大水，到处都是穷人的窝棚，半夜里就听到穷孩子的凄厉的叫声，目睹那种惨景，至今都不能忘记。我还到天津周围的郊区去过，那也是十分荒凉破败的惨状，这都是《原野》的印象。"[1]

更可怕的是，到了10月下旬，天气突然转冷，水灾的惨状还未好转，严寒又来雪上加霜，以至于到了冬天，街上民众缺衣少食、饥寒交迫的惨状越来越严重，冻饿而死的人不在少数……那一年曹禺七岁，他懵懂而怜悯地写下"大雪纷纷下，穷人无所归"的诗句。而这个景象也深深地刻在了曹禺幼小的心灵中。

从小就对贫苦民众有着天然同情和悲悯的曹禺，在南京又进一步加深了对农民和农村问题的了解，他越来越感觉到自己的笔触应该深入农村，正视底层农民的悲惨生活。在南京，他只要一翻开报纸，兵乱、土匪、水灾……这些报道都让曹禺看到了农村问题的严重，越来

---

[1] 田本相：《苦闷的灵魂——曹禺访谈录》，江苏教育出版社，2001年1月版，第57页。

越刺激着他的创作欲望。他不禁想起自己小时候在天津的保姆段妈，一个被压迫和摧残到地狱深处却仍然善良忍耐的农村妇女。她从小生长在农村，父母都是被活活饿死的，为了生存嫁到了一户农户家。后来，丈夫因为欠粮被地主活活打死，公公婆婆因此被逼死，段妈唯一的孩子被地主打得遍体鳞伤。那孩子被伤口感染的疼痛活活折磨而死，死时全身疮液横流、爬满蛆虫……就算经历过这样惨绝人寰的变故，段妈依旧十分善良，她把全部的爱都投入到对小曹禺的照顾之中，只是每每在夜深人静时对着小曹禺讲述自己遭遇时，她那紧锁的眉头、苦涩的泪水和满眼的无助让曹禺倍感心疼，而这些片段都深深镌刻在曹禺的记忆中。

段妈这些被压迫、被摧残的农民对美好生活的向往，对"杀人偿命"的朴素正义的理解，对"有黄金子铺地的地方"的梦想，正是曹禺酝酿写作《原野》的最初动因。他塑造了一个怀着深仇大恨回来复仇的"仇虎"形象，一个既真实又诡异的人物："头发像乱麻，硕大无比的怪脸，眉毛垂下来，眼烧着仇恨的火。右腿被打成瘸跛。背凸起仿佛藏着一个小包袱。筋肉暴突，腿是两根铁柱。身上一件密结纽襻的蓝布褂，被有刺的铁丝戳些个窟窿，破烂处露出毛茸茸的前胸。下面围着既宽且大的黑皮带——前面有一块瓦大的铜带扣，贼亮贼亮的。他眼里闪出凶狠、狡恶、讥诈与嫉恨。这是个刚从地狱里逃出来的人！"（《原野》第一幕）

仇虎的父亲被焦阎王活埋而死，焦阎王还抢了他家田地、烧了他家房屋，妹妹被卖进风月场所，仇虎自己则被诬告入狱。复仇，复仇！这成了仇虎生命意义的全部寄托。但当受尽了折磨的仇虎回来复仇时，焦阎王早已经死去，只剩下自己儿时的好朋友、单纯无邪的焦大星和他瞎眼的老母，而自己昔日的恋人花金子也已经嫁给了焦大星，日日被焦大星狠毒苛刻的老母折磨。仇虎想要复仇并带金子离开，然而人性的复杂挣扎便在此时展开——仇虎回到家乡是为了"报两代人的怨"，然而当他面对瞎眼的焦母、懦弱的焦大星和乳娃儿小黑子，易如反掌的复仇却一再"延宕"——"杀人偿命，父债子还"的乡俗传统在仇虎面对焦家的具体环境时似乎失去了合理性，仇虎无法心安理得地对孤儿寡母下手，其内心不可遏止的"情感"让他在本应最激烈的拒绝人性的环境中爆发了"情感行为"和"传统行为"的矛盾——因此，当他

天津人艺《原野》往期剧照　天津人民艺术剧院供图

误杀了焦大星，并看到瞎眼的焦母误杀了襁褓中的孙儿小黑子后，仇虎的精神崩溃了，他出现了幻觉，在黑夜中拉着金子在荫翳的原野上奔跑。最终仇虎高举匕首，以死清洗了自己的罪恶。

《原野》是曹禺唯一一部以农村为题材的作品，但他其实并没有什么农村生活经验，因此这部剧虽立足农村，展现的仍然是复杂渊深的人性和人性复杂的觉醒过程，并有着强烈的现代主义倾向。2006年天津人民艺术剧院排演了津版《原野》，在舞台语言上匠心独运，更加还原了曹禺先生所追求的诗意氛围和表现主义的意味。戏剧开场，九个有如"黄土烧结的古陶"登场，高低不齐的土色人形，没有面容，行为诡异，如同地狱里爬出的幽魂，尖厉的狞笑预示着梦魇的开场，在窃窃私语的混乱当中等待即将发生的悲剧。舞台的烟雾和灯光效果营造出了飘忽闪烁的梦魇场景，仿佛在宣告着这样一场以"梦魇"开始的戏剧是对"梦"所凝缩的个人无意识和集体无意识的敞开，加重了观众潜意识中对于"释梦"既戒惧又蠢蠢欲动的复杂心理，而戏剧就在这样的心理氛围中展开。

在仇虎复仇和与金子商量未来出路的过程中，他们在前台表演，每个人背后各有三个土色人形，它们互相推挡和挤压，嘈杂喧哗，众语纷繁。或许这三个人形陶俑正代表着人性的"本我""自我"和"超我"，它们在互相对抗和说服。仇虎背后的"本我"代表着人自我满足的本能，既有复仇嗜血的欲望，也有追求灵魂安宁的欲望；"超我"是社会化的现实纪律的维护者，而仇虎处在"乡俗社会"中的"超我"本身就受到双重标准的制约：既有社会道德情感的规训，又有"替父报仇"传统心态的刺激。因此无论是在"本能"的层面还是在"社会化"的层面，仇虎都无法达成一个稳定的目标，而这二者又在"自我"层面互相撕扯、纠缠——最终的结果是仇虎在任何一个层面上都无法获得完整的统一，既不能堕入毫无顾忌的屠杀，也不能甘心放弃复仇的计划，只能深陷自相矛盾的层层精神折

天津人艺《原野》往期剧照　天津人民艺术剧院供图

磨之中，而仇虎的死正是在人性的每一层面都陷入悖论的
结果。

　　《原野》是一个"奇异而诱人"的故事，曹禺想要开
掘一种新的生活的可能性，但显然他构想得还不够彻底。他
写出了当时社会上每个人都有的强烈的憎恨、复仇、反抗的
冲动以及一颗渐要觉醒的心，但到底要到哪里去寻找那"黄

金子铺地的地方"，曹禺显然也还没找到出路……他想起了自己小时候常常在天津老龙头车站附近玩耍，看到那轰鸣而来的列车，于是常常想：也许列车的尽头就是一个无比美好的远方吧？他又想到了儿时读过的波斯诗人欧涅尔的一首小诗："要你一杯酒，一块面包，一卷诗，只要你在我的身旁，那原野也是天堂。"于是曹禺借金子之口不断诉说"登上列车，去到那黄金子铺地的地方，永远不再回来"，或许，这也是曹禺心底最深的渴望。

1937 年夏天，《原野》刚刚写就，这部充满奥尼尔表现主义韵味和奇幻色彩的剧作就被上海影人剧团看中，希望立即排演。然而，还未来得及彩排，曹禺就接到天津家中电报：他的大哥万家修病故了。曹禺怕年迈的继母经受不住突如其来的噩耗的打击，立刻连夜赶回天津料理大哥的后事。然而，1937 年那个风雨飘摇的夏天，等待曹禺的不仅是家愁，还有随之而来的七七事变。日军开始肆无忌惮地攻击天津，国仇家难接踵而来，华北陷入一片战争的混乱。曹禺不得不带着家人辗转南下，先是逃到武汉，随后到长沙，直至 1938 年才到达当时的陪都重庆……或许曹禺本人也没有想过，这次离津，等待他的竟是半个世纪的阔别——天津，他生于兹、长于兹的地方，这个用海河水滋养了他无尽戏剧灵感的地方，曹禺一别，竟是五十年！

05

寻根圆梦
每河哺育的精神原乡

《北京人》对人生真谛的紧张探索，它的深刻的诗意力量也是震撼人心的，这部作品不仅令人思索人生更思索着整个人类了。透过愫方和瑞贞的形象，所透露出来的对美好人生的憧憬和诗意理想：人活着，不应该为着自己；人活着应该为别人才有快乐；人活着，应当到更新的更广阔的生活潮流中去。其人生诗意，是十分感人的……戏剧并非只是在那里铺演一个故事，也并非仅是演绎一段人生的遭遇，戏剧要表现的是人生的诗意和诗意的人生，这才是戏剧最佳境界。

——田本相、刘一军《曹禺全集·前言》

此后，曹禺辗转重庆、宜宾、上海，中华人民共和国成立后来到北京担任北京人民艺术剧院院长。这五十年充满了戏剧性的跌宕起伏，既有人生的至暗时刻，也最终迎来了艺术和生命的光明新天地。

七七事变后，南京国立戏剧专科学校迁到重庆，曹禺陆续排演了《全民总动员》等抗战戏剧，1939年春又随南京国立戏剧专科学校迁往川南江安县，1940年创作了抗战戏剧《蜕变》，此后又创作了另一部戏剧的高峰——《北京人》。1942年到上海复旦大学任教后，他又将好友巴金的小说《家》改编成了四幕话剧。1946年，曹禺与老舍一起应邀赴美讲学一年，返回上海后又马不停蹄地写成了剧本《艳阳天》。然而在国民党持续的文化审查和打压下，1945年6月，曹禺的《雷雨》《原野》被国民党宣传部下令禁演，《日出》也列入要修正的剧目。然而，越是受到政治打压，曹禺就越心向共产党，心向新社会。在二十世纪四十年代艰苦的创作环境下，曹禺仍然保持着旺盛的创作热情和生命力。1945年9月，他在重庆受到了前来参加"重庆谈判"的毛泽东的接见，这让他愈加坚定了跟党走的信念。1949年2月，曹禺随在香港的知名文化人士柳亚子、叶圣陶、郑振铎、马寅初等二十多人，在中共地下党的精心安排和保护下，经烟台到北平。3月，他又随郭沫若出席了在巴黎召开的"世界保卫和平大会"；7月，出席了中华全国文学艺术工作者第一次代表大会（即后来的"文联"）。1949年10月1日，曹禺受邀登上天安门城楼，怀着无比激动的心情见证了中华人民共和国的开国大典。经历了旧中国的"雷雨"后，曹禺果然如田汉给他的订婚祝词中写的那样"登山看《日出》"，见证了东方红日的冉冉升起！

中华人民共和国成立后，曹禺先后担任国立戏剧学院（中央戏剧学院的前身）副院长，北京人民艺术剧院院长，中国戏剧家协会理事会理事、主席，当选全国人大代表、全国人大常委。曹禺的作品成为一张中外文化交流的名片，他不断地参加各种文艺学习、座谈、文化交流和接待工作。受繁忙的工作所累，他创作的时间和精力大大缩减，新作只有《明朗的天》和《胆剑篇》问世。在下乡采风和文艺考察时，曹禺也曾短暂地回到天津。二十世纪六十年代初，河北省洪灾泛滥，曹禺受命创作了一部抗洪题材的戏剧，他与演员蓝天野等到天津采风创作抗洪剧本，其间还曾陪同周扬参观天津三条石历史博物馆。三条石地区的民族铸铁机器制造业发展史典型地代表了中国民族工业在"三座大山"的压迫下艰难而缓慢发展的历程。因为工作行程十分紧凑，曹禺虽然回到家乡，但是无法一解思乡之苦，他只好悄悄问三条石历史博物馆的讲解人员，原来在附近的普乐戏院和天桂戏院现在还在不在——这两家戏院都承载着他少年时看戏的美好回忆。当得到工作人员否定的回答时，曹禺眼神中的失落久久难以散去。这次回津，故乡离他那么近，但仿佛又那么远……

后来，那个年代的山雨还是落到了曹禺的身上，也像一把把刀插在曹禺的心上。"打倒反动学术权威曹禺"的标语贴到了曹禺家门口，他失去了人身自由，家人也受到牵连，就连女儿都受到同学的排挤。终于，曹禺忍受不住，病倒了。此后，他又被下放到农场改造，看过大门、扫过大街，他和第二任妻子方瑞的精神都几近崩溃，每天要靠服用安眠药才能勉强睡几个小时。1974年，他的妻子方瑞去世。

在周恩来的关怀和帮助下，曹禺的境况才有所好转。直到1978年6月30日，北京市文化局正式发出文件，曹禺才正式恢复了工作。这之后，曹禺更加勤奋地工作，表示要将有生之年都交给党和人民，文艺考察、接待、评论，他像个陀螺一样忙得不停，但过于繁忙的工作又挤占了文艺创作的时间，曹禺的第三任夫人李玉茹曾说："这时的曹禺一方面忙得如同陀螺一般，放不下他应该放下的工作，另一方面又由于放不下那些必须参加的社会活动乃至不能做自己想做的事，内心充满了矛盾、痛苦、悔恨。"他也想回家乡天津走走，然而却一直没有时间。曹禺失去的时间太多了，他似乎没有办法全部补回来。

真可谓命运弄人，直至1985年，

曹禺才在历经了半个世纪的风风雨雨后，得以真正如愿回到阔别已久的天津，回到哺育他的母亲河畔，一解思乡之苦，开启了他的"寻根"之旅。当他在女儿万方的陪同下重回自己儿时成长的地方，不禁感慨万千，热泪盈眶……

曹禺的母校南开大学召开了"曹禺从事戏剧活动六十周年学术讨论会"，曹禺在这里与曾经的挚友和后辈学人欢聚一堂，他说道："我今天回来，是长期的愿望，是'少小离家老大回'。我深深感激开导我、教育我，使我走上戏剧道路的南开的老师。"他还回到南开中学、河北省立女子师范学院等曾经生活的地方探访，每到一处，都边看边向身边的

曹禺晚年工作照

晚年的曹禺

人们讲起当年的情景。尤其是回到故居的那天更令他难忘。那天是 10 月 5 日，阴历八月二十一，正是曹禺的生日。他在万方、田本相、焦尚志等人陪同下回到当年的意租界民主道，半个世纪的沧桑变化竟然让他一时间拿不准自己家到底在哪里，直到车拐到一座刚刚粉刷过的灰白小楼，曹禺像小孩子般兴奋地说道："就是这儿！这儿就是我原来的家！"前厅、客厅、每一个房间，曹禺每走过一处都驻足停留，细细感受当年的气息，向后辈讲述当年发生在每一个角落里的故事，讲述少年时曾让他倍感压抑苦闷的家庭氛围，讲述让他又爱又恨的父亲、宠爱他的继母和姐姐、恨铁不成钢的哥哥、命运凄惨的保姆段妈，以及一只曾经带给他短暂欢乐的小狗"来福"，仿佛曹禺的一生在这一次短暂的故地重游中重新上演……

天津，这座由海河母亲滋养的城市，是曹禺的精神原乡，更是其作品的灵感源泉和素材宝库。越到晚年，曹禺那种叶落归根的欲念就越发强烈，更加渴望回到天津。晚年的曹禺最喜欢回忆过去，谈起在万公馆的成长经历，谈起青年时代在天津的写作生涯、在南开的演艺经历，谈起那些熟悉而又遥远的人和事，他就像讲述一个他曾做过的美妙的梦。二十世纪八十年代的这次"寻根"之旅，为曹禺的这场"美梦"画上了一个圆满的句号，从故居到南开，从海河畔到天津戏剧博物馆，曹禺到处寻觅历史的足迹和自己曾经的回忆。人生即舞台，舞台即人生，曹禺一生的经历与跌宕都融入了他的戏剧血脉之中，成为难以复刻的经典；而曹禺在天津所经历的一人一事、产生交集的一砖一瓦，都将留在历史的记忆中，静静地诉说他与天津这座戏剧之城、文化之城、历史之城难以割舍的血脉渊源，供后辈铭记、传承……

1991 年曹禺为《南开话剧运动史料（1923-1949）》题词

HOW TO READ TIANJIN

GREAT TALENTS

后记

　　一座城市的文化名人、历史遗迹、自然风物，是城市生命的一部分。

　　天津拥有600多年的建城史，既有辉煌的历史，又有广阔的发展前景，是一座古老又年轻的城市。百年中国看天津，近代天津人才辈出、群星璀璨，对天津乃至中国影响深远。

　　"阅读天津·群星"汇集了十册天津历史上的前辈大师的传记——严复、梁启超、张伯苓、李叔同、周叔弢、杨石先、曹禺、陈省身、孙犁、马三立，他们在思想、教育、艺术、实业、科技、文学等不同领域，反映了天津城市精神的高度和深度。

　　当梁启超在饮冰室伏案疾书，笔毫轻柔，却策动轰轰烈烈的护国运动；当张伯苓在南开大学始业式上提出"爱国三问"，话语平实，却激荡全国学子自强图存的爱国情怀；当陈省身坐在轮椅上为本科生讲授微积分，满头银发，却思维敏锐地点拨着中国数学的未来人才；当马三立上台三两句话就引得众人捧腹大笑，轻声细语，却道出老百姓的喜怒哀乐和生活精髓……

　　"阅读天津"系列丛书的策划、创作、出版过程，凝结着众多关心热爱天津这座城市的人的心血。此前发布的"津渡"一辑以海河为切入点，让读者犹如乘舟顺水而下，遍览一部流动的城市史诗。"群星"一辑则是为十位大先生立传，也是为这座城市立传。他们在各自领域成就斐然，是天津精神的集中体现。讲述大先生的生活经历和思想轨迹，也是在讲述大先生之于当代人的意义——高山仰止，景行行止！

　　编辑出版"群星"的过程是我们对中华优秀传统文化进行通俗化阐释的一次尝试，旨在进一步突出天津这座城市鲜明独特的文化内涵，让更多的朋友再次发现天津的城市魅力，通过阅读天津，进一步认识天津、热爱天津。为了延续"津渡"一辑的热度，高质量出版"群星"小辑，我们约请了多位颇具创作实力的撰写者参与创作：赵白生、徐凤文、岳南、康蝲、于霄丹、韩石山、杨一丹、李扬、张国、张莉、马六甲。这些创作者中既有长期从事相关研究的学者，也有文采卓然的专业作家，还有传主的家属。各位作者从不同角度对十位大先生的人生经历进行了深入浅出的解读，通过对人物的挖掘，彰显了近现代天津独具风韵的人文精神。

最后，感谢中共天津市委宣传部为本书出版进行的谋划指导，帮助鼓励我们打造文化品牌，出版津版好书；感谢罗澍伟、谭汝为等专家学者为我们提供学术支持，修正内容细节；感谢"群星"的作者、设计师、摄影师以及每一位为本书出版付出努力的人。当然，最应该感谢的是我们的读者，正因有这些天津故事的阅读者、传播者，才有了天津文化的不竭源流。期待能够以书籍为桥梁，与广大读者一起领略"群星"闪耀的天津风采，共同见证这座古老而又年轻的城市在新的历史坐标上绽放光华。

"阅读天津"系列口袋书出版项目组

2023年11月